KB261525

불심초
佛心草

소흥렬

1936년에 태어났다. 미국 알마대학에서 학사 학위를, 미시간대학교에서 석사 및 박사 학위를 받았다. 계명대학교, 연세대학교, 이화여자대학교, 포항공과대학교에서 철학 교수를 역임하였고, 현재 포항공과대학교 명예교수이다.
주요 저서로, 「자연주의」(2006), 「철학적 산문」(2006), 「철학적 운문」(2006), 「부드러운 논리, 아름다운 생각」(2004), 「누가 철학을 할 것인가?」(2004), 「문화적 자연주의」(1996), 「자연주의적 유신론」(1992), 「윤리와 사고」(1983), 「과학과 사고」(1983), 「논리와 사고」(1979, 2003) 등이 있다.

불심초

처음 펴낸 날 | 2008년 7월 15일

지은이 | 소흥렬

편집 | 조인숙, 박지웅, 홍현숙
펴낸이 | 홍현숙
펴낸곳 | 도서출판 호미

등록 | 1997년 6월 13일(제1-1454호)

주소 | 서울시 마포구 서교동 339-4 가나빌딩 3층
편집 | 02-332-5084
영업 | 02-322-1845
팩스 | 02-322-1846
전자우편 | homipub@hanmail.net

필름출력 | 문형사
인쇄 | 대정인쇄
제본 | 성문제책

ISBN 978-89-88526-79-8 03100

값 | 9,000원

호미) 생명을 섬깁니다. 마음밭을 일굽니다.

불심초

佛心草

소흥렬

호미

붓다가 열어 준 종교의 문으로 들어서면, 거기에는 여러 갈래의 길이 있다. 불교 종단으로 다져진 길들이다. 그러나 붓다를 따르는 길, 붓다를 찾아가는 길은 그런 교단의 길만으로 제한된 것은 아니다. 누구나 자기 나름대로, 아무도 가 보지 않은 길을 만들어서 찾아갈 수 있다. 내가 붓다를 만나기 위해 선택한 길도 그런 '나 홀로'의 길이다. 나 홀로의 길이기는 하지만, 붓다를 찾아가는 길이라는, 공통된 길 위에 있는 이런저런 사람들과 자연스럽게 만날 수 있었다. 그러니까, 나는 절집 밖에서 서성거리는 철학자였지만, 가끔은 절집 안의 스님들과 만나는 기쁨과 보람을 누리기도 하였다.

여기에 모은 글은 붓다를 만나기 위해 내가 걸어온 길의 흔적이다.

'불심초佛心草'라는 제목으로 글을 써 보겠다고 생각한 것은 여덟 해 전, 이화여대에서 포항공대로 자리를 옮기게 되면서였다. 틈틈이 글을 구상하고 생각을 정리하는 한편, 불교 쪽 사람들과의 대화를 통하여 내 생각을 검토하고 확인했다.

포항공대 교수 아파트의 공간을 혼자 지키면서 지나온 시간은 어떻게 보면 출가 수도자의 시공간과 견줄 만한 것이었다. 그렇게 여덟 해를 보낸 것이 '불심초佛心草'를 쓰게 된 가장 중요한 조건이 아니었나 싶다. '불심초佛心草'를 집필하기 시작한 것은 그 곳에서 여덟 해에 걸친 강의 활동을 마무리한 직후였다. 마지막 학기의 마지막 강의를 끝내고, 시험지 답안 채점을 마치고, 성적 처리까지 완료한 뒤였다. '불심초'를 쓰는 일에만 몰두할 수 있었다.

그렇게 해서 '불심초'를 완성하고 나서는, 마음이 잠시 멈추어 서 있는 듯했다. 마흔다섯 해 동안의 교수 생활을 끝내게 되는 2007년 8월 31일까지, 한동안 내 마음은 휴면 상태에 있었다. 그러다가 그 바로 다음날 9월 1일이 되면서 그야말로 긴 잠에서 깨어난 듯이 마음이 다시 움직이기 시작했다. 다시 글을 쓸 수 있었다. '불심초'를 이어 갈 생각들이 형성되기 시작했다. 그리하여 붓다를 더 가까이에서 만나고자 하는, 좀더 다양한 붓다의 모습과 만나고자 하는 나의 생각을 담은 짧은 글들을 '불심초'와 함께 발표할 수 있게 되었다.

여전히 절집 밖에서 서성거리며 붓다를 만나고자 하는 내 나름의 길이 남긴 이 흔적들이 절집 안에서 올곧게 수행하는 분들께 누가 되지 않기를 바랄 뿐이다.

2008년 6월
草牛 소흥렬

차례

5   책을 내며

제1부 불심초佛心草
　　　소설로 탐구한 '붓다의 길'

12   아버지의 죽음: 증오란 무엇인가

15   동자승의 추억: 사랑이란 무엇인가

19   역사의 진보: 이념이란 무엇인가

28   용수의 중관: 논리란 무엇인가

33   영성의 공간: 자유란 무엇인가

40   붓다의 마음: 돈오란 무엇인가

제2부 소크라테스와 붓다

52   소크라테스와 플라톤

55   소크라테스와 붓다

58   진리, 논리, 자유

61　공간 배정

64　정서적 거리감

68　명상의 공간

71　공간의 자유

74　예술 언어의 길

77　저승길

81　큰마음

86　수행론

제3부 기독교와 불교
붓다의 길에 대한 철학적 소고

98　원수를 사랑하고, 이교도를 저주한다

100　사랑의 실천으로 하느님을 찾는다

104　자비심은 성숙한 사랑이다

108　성령은 자비의 하느님이다

제4부 오리엔탈 코드

115　신강성으로 가는 길

120　모래에 묻힌 시간

127　기적을 기다리는 사람들

132　어머니의 나라와 아버지의 나라

137　십자가가 상징하는 것

143　하느님의 아들과 하느님의 역사

1부
불심초佛心草
소설로 탐구한 '붓다의 길'

아버지의 죽음: 증오란 무엇인가

출가한 지 십 년이 다 되어 가지만 가끔씩 솟구쳐 오르는 증오를 억누를 수 없어 괴로웠다. 수행의 과정이 이대로 끝나 버리는 것은 아닐는지, 끊임없이 정진하는 수도의 길이 어쩌면 이렇게 무력할 수 있는지 의심스럽기도 했다.

아버지에 대한 기억 때문이다. 내가 열살 때였다. 서울 어느 경찰서로 끌려갔다가 일 주일 만에 돌아오신 아버지는 심한 고문으로 온 몸이 멍이 들었고, 결국 여섯 달 동안 누워 있다가 돌아가셨다. 고등학교 교사로 살아온 아버지가 그런 고문으로 돌아가신 것을 어린 나는 이해할 수 없었다. 돌아가시기 며칠 전 아버지가 해 주신 말씀으로도 선뜻 이해가 되지 않았다.

고등학교 교사 몇 사람이 자주 모여서 역사 공부를 하고, 시국을 비판하는 토론을 했다고 한다. 군사 독재 시대가 지나갈 날을 예상해 보기도 하고, 남과 북으로 분단된 시대의 비극과 그 근본 원인에 대해 토론했다. 4·19 혁명을 계승할 또 하나의 혁명을 위해 대학생과 고등학생을 교육하고 조직해야 한다는 의견을 나누었다. 하지만 그 모임에서 혁명 단체를 조직하거나, 혁명을 실천으로 옮긴 일은 없었다. 그런데도 아버지는 북한 대남 공작과 관련한 비밀 조직을 만들었다는 혐의로 고문을 당했다. 내가 더욱 이해할 수 없는 것은 아버지와 함께 시국 토론을 하던 교사 가운데 한 사람이 경찰에 고발해서 아버지가 서울로 붙잡혀 갔다는 말이있다. 아버지는 사신을 고발한 사람이 누구인지 알고 있었지만, 모르고 지내는 것이 좋을 것이라며 내게는 끝내 말하지 않았다. 내가 그 사람에게 분노와 원한을 품을 것을 염려하신 것이라고 짐작할 뿐이다.

집에만 계시던 어머니가 행상을 나가시면서 생활은 그럭저럭 꾸려 나갈 수 있었지만, 돌아가신 아버지가 '빨갱이'였다는 소문이 돌면서부터는 어느 누구도 '빨갱이' 가족을 도와 주지 않았다. 다행히 나는 중학교를 장학생

으로 마칠 수 있었고, 고등학교도 장학생으로 진학하여
다닐 수 있었다.

고등학교 2학년이 된 어느 봄날, 아침 일찍 행상을 나
간 어머니가 뺑소니차에 치여 돌아가셨다. 뺑소니차는 잡
히지 않았고, 관할 경찰서에서는 그 사건에 대해 어떠한
관심이나 성의도 보이지 않았다. '빨갱이' 가족이라는
것을 의식하는 것 같았다. 그 뒤로 아버지 친구인 어느 고
등학교 선생님이 주선한 가정교사 자리를 얻어 대학에 들
어갈 때까지 그 집을 생활 터전으로 삼아 지냈다.

복수를 할 것인가, 용서를 할 것인가? 수백 번을 생각
해 보았지만, 해답은 없었다. 복수를 할 대상도 명확하지
않았다. 특정한 개인을 대상으로 할 수 없었으니 개인의
행동으로 복수할 수 있는 것이 아니었다. 용서를 하면 마
음이 편해지고, 지난 일을 잊어버릴 수 있을까 하고 생각
해 보았으나, 용서받을 사람이 누구인지도 명확하지 않았
다. 구체적인 어떤 사람이 아니더라도 증오의 원인이 되
었던 그 집단, 그 권력 체제가 그 때까지 여전히 권력을
누리고 있는데 용서를 한다는 것은 스스로를 속이는 허망
한 일이라고 생각했다.

지울 수 없는 증오가 그대로 남게 되었다. 역사가 바뀌고, 권력 체제가 바뀌면 용서할 수 있으리라고 믿었다. 그러나 역사가 쉽게 바뀔 것 같지는 않았다. 어쨌든 수행의 길을 찾아 출가한 지 십 년이 지났는데, 증오의 마음을 씻어 버리지 못한 것이 여전히 수행의 과제로 남게 되었다.

동자승의 추억: 사랑이란 무엇인가

마음이 답답할 때는 다른 절집을 찾아 나서는 것이 버릇이 되어 버렸다. 누구를 만나기 위해서라든지, 무엇을 의논하기 위해서라든지 이런저런 핑계를 만들어 길을 떠나지만, 실은 길을 나서서 걸어가는 그 과정이 그저 좋아서였다.

경상남도 지리산 자락에 있는 어느 절에 들렀다가 한 동자승을 만났다. 처음 만난 동자승이었지만 이미 만난 적이 있거나, 옛적부터 알아 온 듯한 느낌이었다. 친근하게 느껴졌다. 마음이 통할 것 같았고, 감정으로도 통할 것 같았다. 인사를 나누는데, 동자승의 반응도 예사롭지가 않았다. 낯선 스님을 대하는 태도가 아니었다.

한번 본 뒤로 웬일인지 그 동자승이 보고 싶은 마음이 간절했다. 그래서 온갖 구실을 만들어 그 절에 자주 드나들었고, 그러다 보니 그 곳 사람들이 이상하게 여기기 시작했다. 아버지와 아들 같다고 놀리는 사람도 있었다. 아예 그 곳으로 옮겨 오라고 권하는 스님도 있었다. 하지만 내 마음 속에는 그에 대해 스스로를 경계하는 소리가 분명히 있었다.

처음 느끼는 감정이었다. 진한 정을 느껴 본 적이야 더러 있었지만 이렇게 마음이 움직이는 느낌을 가져 보기는 처음이었다. 신기한 것은, 마음이 움직이기 전에 몸이 먼저 움직이는 것이었다. 몸이 원하니 마음이 따라가는 듯했다. 동자승과 가까이 있고 싶어하는 것은 분명히 내 몸이었다. 마음으로는, 그런 감정이 수행에 방해가 된다는 생각 때문에 오히려 주저하였다. 그러나 번번이 몸이 원하는 것을 마음이 거부할 수 없었다. 묘한 느낌이었다. 사람들이 말하는 전생 인연이라는 것이 이런 것일까 싶었다. 전생을 믿지는 않았다. 영혼의 윤회 운운 하는 것도 그냥 가르침의 방편일 뿐이라고 생각했다. 그렇다면 그 동자승과 나를 묶는 인연은 무엇이었을까?

몇 차례에 걸쳐서 조심스럽게 물어서 듣게 된 동자승의

이야기는 이랬다. 어머니와 둘이서 살아온 기억밖에 없는데, 아버지에 관한 이야기는 한 번도 들어 본 적이 없었다. 어머니는 꽃집을 하고 있었고, 가게 이름이 '불심초佛心草 꽃집'이었다고 했다.

'불심초佛心草'라는 꽃이 있냐고 묻자, 동자승은 마치 '불심초'를 보는 듯한 표정으로 꿈 같은 이야기를 해 주었다. 꽃집에 들어서면 바로 보이는 맞은편 벽 쪽에 특별히 마련한 받침대 위에 '불심초'가 놓여 있었다고 했다. 그것이 어떤 꽃이었는지 궁금해하자, 동자승은 주저하지 않고 대답했다. 매일 아침마다 다른 꽃이 되는 것이 '불심초'라는 것이었다. 곧, 날마다 그 날 아침에 가장 아름답게 핀 꽃을 그 자리에 모셔 놓고는 그 꽃을 그 날의 '불심초'라고 어머니는 이름 붙였다고 했다. 그 이야기만 해도 사뭇 각별한데, 그런 '불심초' 이야기가 동자승의 마음 속에서 그대로 믿음이 되어 살아 있다는 사실이 더욱 놀라웠다.

동자승은 어머니가 꽃집 문을 닫고 집에 돌아오면 꼭 한두 시간씩 그림을 그렸다는 이야기도 덧붙였다. 미술가가 되려던 꿈을 버리지 못한 듯하다는 것이었다.

동자승이 초등학교에 가야 할 나이가 된 어느 날 어머

니는 아들을 앞에 앉혀 놓고 정중하게 제안했다. 절에 가
서 살아 보는 것이 어떻겠느냐고. 절에서 살아 보고 그것
이 좋으면 그대로 스님이 되어 사는 것도 좋고, 그것이 맞
지 않으면 집으로 돌아와 다시 세상에서 어머니와 사는
것도 좋다는 제안이었다. 어머니의 제안대로 동자승은 절
에 들어오게 되었다.

어머니는 그리울 때쯤이면 찾아와 주셨다. 지금도 ‘불
심초 꽃집’을 하고 있지만, 동자승은 그 곳이 어디인지는
모른다고 했다. 어머니를 떠나올 때는 서울의 청량리 어
디였지만, 얼마 지나지 않아 어머니의 고향인 진주로 옮
긴 것 같다고 했다.

나는 호기심과 궁금증을 참을 수 없어 ‘불심초 꽃집’
을 찾아 나섰다. 청량리 일대의 꽃집들을 찾아다니면서
‘불심초 꽃집’을 수소문한 끝에, 마침내 그 꽃집이 있던
곳을 찾아 내었고 몇 해 전 진주로 이사 갔다는 이야기도
들었다.

그 뒤에 나는 ‘불심초 꽃집’을 찾아 진주 시내를 누비
고 다녔다. 그런데 참으로 이상한 일이었다. ‘불심초 꽃
집’이 있었다는 자리를 어렵사리 찾으면, 그 전 해에 다
른 동네로 이사했다는 것이었다. 또다시 수소문한 끝에

이사 간 '불심초 꽃집'을 찾게 되면 꼭 같은 이야기가 어김없이 되풀이되었다. 내가 찾고 있다는 사실을 알 리가 없을 텐데도 마치 나를 피해서 이사하고 또 이사하는 것 같은 이상한 일을 몇 차례 겪고 난 뒤로, 꽃집 찾는 일을 그만두기로 했다. 포기한 것이라기보다는, 찾을 수 있는 인연도, 찾아야 할 인연도 아니라고 생각해서였다.

동자승에게 이 일을 이야기해 주면 어머니에 대한 또다른 이야기를 들을 수 있을지 모르겠다 싶어서 어느 날 지리산 자락의 그 절집을 찾아갔다. 그러나 동자승은 그 곳에 없었다. 며칠 전 동자승의 어머니가 찾아와 주지 스님과 의논한 끝에 아들을 데려갔다는 것이었다. 아들을 어디로 데려간다는 말도 없었고, 주지 스님도 굳이 물어 보지 않았다고 했다.

역사의 진보: 이념이란 무엇인가

1986년 봄, 나는 대학 3학년이었다. 수업을 듣는 날보다는 데모를 하고 데모를 계획하는 모임으로 시간을 보내는 날이 더 많았다. 군사 독재 정권을 거부한다는 뜻에는 모든 '정치적' 집단들이 함께할 수 있던 때였다. 반정부 시위의 열기가 역사적 변화가 임박했다는 예감을 갖게 했고, 그런 기대가 시위에 참여하는 군중의 심리를 점점 더 폭력적으로 만들었다. 그럴수록 경찰과 군인의 시위 진압 방법도 포악해졌다.

4·19 혁명을 기념하는 학생 시위대가 청와대로 모인다는 소문이 돌았고, 그 때문에 청와대 주변은 아예 접근할 수 없게 봉쇄되었다. 광화문 네거리를 넘어설 수 없던 터라 학생들은 시청 앞 광장으로 모일 수밖에 없었다.

그 때 일부 학생들은 처음부터 다른 계획을 갖고 있었다. 대학로 마로니에 공원에서 4·19를 기념하는 집회를 가지고, 창경원을 지나 경복궁으로 가서 다른 학생들과 합세하기로 한 것이다. 그 대학로 집회는 법대생들과 인문대생들이 주도한 것이었다. 당시 법대에 다니던 나도 그 대열에 함께 있었다.

시위 대열이 마로니에 공원 앞 대학로에 집결하여 종로 5가 쪽으로 움직이기 시작하자 군인인지 경찰인지 알 수 없는 진압대가 종로 쪽에서 최루탄 차를 앞세워 달려오고 있었다. 시위대가 어쩔 수 없어 혜화동 쪽으로 방향을 돌리자 그쪽에서도 최루탄을 쏘면서 진압대가 접근해 왔다.

학생들은 대학로 양쪽 차도로 흩어졌다가 뒤쫓아 오는 진압대를 피해 제각기 골목길로 도망쳤다.

허겁지겁 명륜동 쪽으로 도망간 나는 민중 불교를 실천하는 스님들의 집이 있다는 골목을 찾았다. 승복을 입고 시위에 참여한 어느 스님한테서 들은 말이 떠올랐기 때문이다. 대학로에서 시위하다가 경찰에 쫓기게 되면 그 집을 찾아오라고 스님은 당부했었다. 그러나 간신히 찾아간 그 골목에서는 이미 진압대원 몇몇이 길을 지키고 있었다. 돌아서서 또다른 골목으로 들어섰는데 그 곳은 막다른 길이었다. 이 집 저 집 대문을 밀어 보다가 마침 열리는 문이 있어 들어갔다.

한 여대생이 상황을 파악한 듯이 급하게 대문을 잠그고는 나를 방 안으로 데리고 갔다. 신발을 숨기고, 경찰이 들어올 것에 대비하여 몸을 숨길 곳도 마련해 주었다.

그 여대생은 미술대학생이었다. 혜화동에 있는 미술학원에서 학생들을 가르치느라 학원에서 가까운 그 집에 하숙하고 있었다. 관악 캠퍼스가 좀 멀긴 했지만, 대학로가 좋아서 그 집에 사는 터였다. 이런저런 이야기를 나누다가 주위가 조용해진 뒤에 나는 그 집을 나왔다.

그 날 대학로 시위에서 백여 명의 대학생들이 연행되었

다는 소식을 들었다. 그 중에는 그 날 데모를 함께 계획하고 주동한 친구도 있었다. 연행된 학생 대부분이 며칠 뒤에 풀려났지만, 그 친구는 나오지 못했다.

몇 주 뒤, 그 친구의 죽음이 신문에 보도되었다. 시위 주동자로 취조를 받다가 자살했다는 짤막한 기사였다. 서울대학병원 의사가 사인을 자살로 확인했으며, 시신은 화장한 뒤에 유골을 가족한테 전했다는 것이었다. 그 친구는 결코 자살할 사람이 아니었다. 고문으로 죽은 것이 분명했지만 당장은 밝혀 낼 길이 없었다. 자살을 확인했다는 의사를 만나 보려 했으나 불가능했다.

법이 통하지 않는 세상이었다. 법이 권력의 시녀가 되고, 법의 정의가 권력의 정의에 좌우되는 세상이었다. 정의로 권력을 심판한다는 생각은 현실성 없는 이상이었다. 결국 혁명으로 권력을 심판할 수밖에 없다는 결론에 이르렀다. 그러자면 혁명이 권력을 무너뜨릴 수 있는 힘을 가져야만 하는데, 시위의 힘은 혁명의 힘이 될 수 없다는 회의로 우울한 나날이었다.

혁명은 이념 집단에 의하여, 힘으로 권력 체제를 무너뜨릴 수 있는 이념 집단에 의하여 완수되어야만 하는 것이었다. 무너뜨린 권력 체제를 대신하여 권력을 장악할 수 있어야 하고, 혁명의 결과로 제기되는 온갖 역사의 청산을 수행할 수 있어야 하기 때문이다. 4·19 혁명은 그런 이념 집단을 갖추지 못한 상황에서 권력 체제만 붕괴시켰고, 그리하여 군사 혁명과 군사 독재로 이어지는 결과를 가져왔다. 그렇다고 해서 대학생들이 이념 집단을 만들어서 독재 정권을 무너뜨린 뒤 권력을 장악함으로써 혁명을 완수할 수 있는 것도 아니었다. 그러나 당장 중요 것은 군사 독재 체제를 무너뜨리고 민주화 혁명을 이루어 내야 한다는 사실에 대해서는 이론의 여지가 없었다. 민주화가 이루어진 뒤에 그 때의 역사를 이끌어 갈 정당이나 지도자는 필요에 의해서 등장하게 될 것이라는 낙관론도 가능했다.

반정부 시위의 열기가 여전한 가운데, 대학생들 사이에서는 새로운 토론이 오고 갔다. 그럴 즈음 운동권 학생들 중에 정보부의 앞잡이 노릇을 하는 학생들 곧 '프락치'가 있다는 이야기가 흉흉하게 떠돌았다. 특히 주동자들 중에 프락치 학생이 있다는 것이었다. 그들은 주동자로 잡혀갔다가도 곧 풀려난다고 했다. 하지만 주동자로 잡혀간 사람들이 많을 때는 여러 학생이 동시에 풀려나기 때문에, 그들 중에서 프락치를 구별해 내는 일은 쉽지 않았다. 정보부와 경찰 쪽에서는 그런 이유로 많은 학생을 잡아갔다가 여러 명을 함께 풀어 주는 작전을 쓴다는, 부정할 수 없는 이야기도 들렸다.

차라리 이념적으로 색깔을 분명히 하는 학생들은 믿을 수 있어서 좋다는 생각도 들었다. 공산주의 사상에 입각하여 주체사상을 받아들이면 우리 역사에 대한 시각이 명확해진다고 주장하는 일군의 학생들이 있었다. 그러나 그런 이념의 집단은 결국 지난날 남로당처럼 이용당한 뒤에 배신당할 것이라는 반론을 제기하는 친구도 있었다. 통일을 가능하게 하는 역사의 시대가 올 때는 그런 역사가 다시 반복될 수는 없으리라는 주장도 설득력이 있어 보였다. 무력 통일의 가능성을 배제하면, 이념적 통일을 위한 작업의 시간이 주어져야 하기 때문에 이념으로 배신하는 상황은 불가능하다는 주장이었다.

다수의 학생들은 독재 정권을 무너뜨리고 민주화의 시대를 열어야 한다는 실천적 목표를 받아들이고 동참하면서도 이념적 선택에 대해서는 가능성을 열어 두었다. 상황의 변화에 따라서 이념적 선택을 하고 결단을 내리게 되리라고 예상하면서 그렇기 때문에 불안한 마음을 가질 수밖에 없다고 고백했다.

　학생들이 모인 술자리에선 으레 자신들 중에 프락치가 있을 수 있다는 농담이 나왔는데, 그런저런 이야기 때문에 술을 더 마시게 되고, 의도적으로 취해 버리는 학생들이 늘어났다.

　그 날도 충무로 뒷골목에서 늦게까지 술을 마시다가 만취 상태로 헤어졌다. 처음에는 분명히 봉천동 하숙집으로 간다고 나섰는데, 어느 새 발걸음은 명륜동의 그 여학생 집을 향하고 있었다. 여학생은 나를 말없이 맞아 주었다. 얼굴 가득 걱정스러운 표정이었으나 마치 기다렸다는 듯이 나를 방 안으로 안내하더니 잠자리를 펴 주었다. 그 모습을 잠시 지켜보던 나는 그냥 잠들어 버렸다. 새벽에 깨어났을 때 여학생은 깊이 잠들어 있었다. 미안하고 고맙다고 쓴 쪽지를 남겨 두고 그 집을 빠져나왔다.

　대학로를 걷고 있는데 이상한 꿈이 생각났다. 두 사람이 사랑을 나누는 꿈이었다. 피부가 서로 닿았다는 데에 생각이 미치자 그 느낌이 생생하게 살아나는 듯했다. 어쩌면 꿈이 아니었던 것이 아닐까 하고 잠시 생각해 보았지만, 두 사람이 옷을 입은 채 잠들어 있었다는 것을 새벽

에 확인하였던 터라, 꿈 속의 사랑이려니 하고 더는 생각
하지 않기로 했다.

　이념의 선택에 대한 생각으로 마음이 점점 더 무거워졌
다. 아버지의 죽음이 생각났다. 과연 아버지는 공산주의
자였을까. 궁금했다. 정치적인 살인이었다고 생각하기로
했다. 그런 아버지에 대한 기억 때문에 공산주의 이념을
선택하지 못하고 있는 것은 아닐까 하고 생각해 보기도
했다. 민주화를 위한 투쟁이란 것이 독재 정권을 타도하
는 것을 목적으로 하는 한 흔들림이 없었으나, 민주화 이
후의 역사를 책임져야 하는 일까지 생각하면 불안했다.
운동권 학생들이 모두 정치가로 남을 수는 없는 것 아닌
가. 또 다양한 이념 집단들이 서로 경쟁하게 된다는 것도
혼란을 피할 수 없을 것 같았다. 그러니까 하나의 이념으
로 결단을 내리거나 아니면 다른 어떤 믿음으로 돌아갈
정신적인 집을 찾아야 한다고 생각했다.
　민중 불교를 실천한다는 스님들 생각이 났다. 스님들
은 절집으로 돌아가면 된다. 불교 신앙과 수행 생활이 있
으므로 이념의 선택은 전략으로, 방편으로만 하면 된다.
스님들이 더 적극적으로, 더 자신 있게 민주화 운동에 참

여할 수 있는 이유를 알 수 있을 것 같았다.

이따금 민중 불교 쪽 스님들을 찾아가 이야기를 나누곤 했다. 돌아가는 길에는 언제나 그 하숙집을 찾아가 문 앞에서 서성거리곤 했다. 그러나 번번이 용기가 나지 않아서 그냥 돌아섰다. 마음 한 구석에서는 그 여학생과 관련하여 어떤 궁금증이 자꾸 커져 갔다. 그 날 밤 꿈 이야기를 하면서 꼭 확인하고 싶은 것이 있었다.

어느 날, 더는 묻어 둘 수 없는 궁금증 때문에 그 집 문을 열고 들어섰다. 주인집 아주머니가 전해 준 말은, 여학생은 바로 그 전 주에 이사했다는 것이었다. 어디로 갔는지는 알 길이 없다고 했다.

어머니가 돌아가셨을 때와 같은 느낌이었다. 온 세상을 잃어버린 것 같았다. 엄습하는 고독을 억누를 수 없었다. 며칠 밤낮을 비몽사몽으로 지내다가 열병을 앓았다. 그냥 그대로 사라져 버릴 수 있다는 생각, 그렇게 사라져 버리자는 생각이 들 무렵 머리가 깨끗해졌다. 아무 생각도 하지 않기로 했다. 생각을 할 수 없을 만큼 지쳐 있었다. 명륜동 스님들을 찾아가 출가의 뜻을 전했다.

용수의 중관: 논리란 무엇인가

나는 아버지의 이념적 선택이 무엇이었는지 알 수 없었다. 아버지가 선택한 사상적 노선이 있었더라도 그것을 가르쳐 주기에 아들은 너무 어렸다. 그러나 나는 아버지한테서 논리적 사유 능력을 물려받았다. 그것은 수학 선생이던 아버지한테서 물려받은 능력이 분명했다. 따지기 좋아하고, 논쟁을 하면 지칠 줄 모르고 누구에게도 지지 않던 어릴 적 기억 속에서 아버지와의 대화가 가끔 생각이 났다. 아버지는 아들의 생각을 믿어 주었다. 논리가 있는 생각으로 판단하는 능력을 믿어 주셨다.

나의 이런 논리적 사유 습관은 수행 초기에 가장 큰 걸림돌이었다. 무엇이든 논리적으로 따지는 성격이 문제가 되었다. 논리적으로 당연히 물어 볼 만한 질문이지만 번번이 그런 질문을 하면 안 된다는 반응만 되돌아왔다. 그러던 끝에 결국 큰스님한테서 크게 야단을 맞는 지경에까지 이르렀다.

왜 모든 것을 논리적으로 묻고, 논리적으로 답해야 한다고 생각하느냐는 것이었다. 논리적으로 따지지 않고도 직관으로 서로의 마음을 이해할 수 있다는 것이었다. 정서가 통함으로써 서로를 이해할 수도 있다는 것이다. 이 세상일에 대한 모든 것을 직접 훤하게 볼 수 있고, 느낄 수 있고, 이해할 수 있는 그런 마음의 능력에 이르게 하는 것이 수행의 목적이라는 것이었다. 깨달음의 경지라는 것이었다.

큰스님의 말씀을 이해할 수 없었지만, 그럴 수 있다는 것을 인정할 수밖에 없었다. 그런 깨달음을 목적으로 수행에 정진하는 것은 스스로 택한 길이 아닌가. 하지만 논리를 포기해야 한다는 것이 쉽지 않았다. 큰스님은 논리적인 대화를 통하지 않고도 내 마음을 훤히 들여다보고 계시는 것이 분명해 보였다. 그런 능력이 깨달음에서 오는 것이라면 그것이 과연 논리와 무관한 것인지 의심하는 마음이 일었다.

물론 그 때까지 내가 견지해 온 논리는 지성의 논리이고, 이성의 논리이다. 계산하는 논리이다. 하지만 직관에도 논리가 있지 않을까? 정서로 통한다는 것도 정서의 논리가 따로 있어서 통하게 하는 것이 아닐까? 그렇듯이 깨달음으로 얻게 되는 혜안의 능력 같은 것도 또다른 종류의 논리적인 능력이 아닐까? 더 복잡하고 더 많은 문제가 떠오르면서 마음이 무거워졌다.

그러던 차에 용수의 중관 사상을 만난 것은, 지긋지긋한 장마가 지나고 무지개를 보게 된 것과 같은 신선한 체험이었다. 논리의 힘으로 논리의 한계를 보여줌으로써, 논리에 집착하지 않도록 하는 것이 용수의 중관이다. 나와 같은 수행자를 위해 용수 같은 존재가 있다는 사실이 벅찬 감동으로 느껴졌다.

논리에 근거한 어떤 주장에 대해서든 그것과 반대되는 주장을 또다른 논리에 근거하여 주장할 수 있다는 것을 보여 주는 것이 용수의 중관이다. 논리적인 근거만으로는 어떤 주장이든 절대화할 수 없다는 것이다. 다른 논리로 다른 주장을 할 수 있으므로, 논리에 집착할 수도 없으며, 논리적인 결론이라는 주장에도 집착할 수 없다는 것이다.
'이것이 옳다'는 논리의 근거에 대하여 '저것도 옳다'는 논리적인 근거를 제시하게 되면 결국 '이것이냐, 저것이냐'의 문제가 된다는 것이다. 선택의 가능성을 보여 주기 때문에 어느 한쪽을 선택하든 그것을 절대시할 수 없다는 것이다.
용수의 중관은 거기에서 멈추지 않는다. '이것이냐, 저것이냐'를 두고 어느 한쪽을 선택할 수도 있지만, 그런 선택 자체를 '거부'해 버릴 수도 있는 것이다. '이것이냐, 저것이냐' 하는 선택지 자체를 부정해 버린다는 말이다. 그렇게 되면 그것은 결국 '이것도 아니고, 저것도 아니다'라는 부정의 명제가 되는 것이다. 아무 것도 남는 것이 없는 결과에 이른다.

용수의 중관은 논리의 힘으로 우리 마음 속에 자리잡은 모든 믿음과 집착을 부정할 수 있게 해 준다. 논리의 힘으로 마음을 비울 수 있게 해 준다. 그렇다면 수행 정진이 왜 필요할까? 깨달음에 이르게 하는 논리의 길이 있는데, 왜 다른 길을 택해야 하는 것일까?

과연 논리의 힘으로 마음 속 온갖 믿음을 부정하게 되는 것이 깨달음에 이르게 하는 수행의 과정과 같은 것일까? 우선 논리적 근거에 관계 없이 우리 마음 속에 남아 있는 생각들은 어떻게 처리할 수 있을까? 그런 생각들에도 우리가 모르는 논리가 숨어 있다고 한다면, 그것은 우리의 논리가 제한되어 있음을 말하는 것이니까 인간의 논리로써는 부정할 수 없는 것이 아닐까? 그뿐만이 아니다. 우리는 어떤 믿음의 논리적 근거를 이해하지 못하면서도 그것을 거부하는 논리를 만들어 낼 수가 있다. 그것을 지지하는 논리도 그 본래의 논리적 근거와는 무관하게 조작

할 수 있다. 말하자면 궤변을 늘어놓을 수 있다는 것이다. 그런 궤변으로 무엇이든 부정해 버리는 것이 회의론이다. 이처럼 궤변으로 회의론자가 되는 것은 부정적 관념으로 마음을 채우는 것이다. 모든 믿음, 모든 생각에 부정적 꼬리표를 붙이는 것이다. 결코 마음을 비우는 것과는 같은 것이 될 수 없다.

논리의 힘으로도 이것도 아니고 저것도 아니라는 부정적 결론에 이를 수 있으며, 모든 것을 의심하거나 부정하는 회의론자가 될 수 있다는 것을 깨닫게 해 준 용수의 중관 사상이 나에게 새로운 문을 열어 주었다. 어떤 가능성을 보게 해 주었다. 하지만 그것만으로는 깨달음의 경지에 이르게 하는 수행을 완성할 수는 없다고 생각했다.

용수의 중관은 중도中道와 같은 것이라고 생각했다. 부처님이 가르친 깨달음의 경지에 이르게 하는 길의 어느 중간 지점이라고 생각했다. 철학에서도 의심을 해 보는 것은 하나의 방법이고 방편일 뿐이다. 의심에 빠져서 회의론자가 되어 버리면 철학적 진리를 통찰할 수 있는 단계에는 이를 수가 없지 않은가. 철학에서 말하는 통찰의 능력이 논리를 포기하지 않으면서 철학적 정진을 통하여 성취할 수 있는 능력이라면, 부처님이 보여 주신 수행의 길에도 논리를 따르는 정진의 길이 있으리라고 생각했다.

영성의 공간: 자유란 무엇인가

나는 대학에서 법학을 전공할 것인지, 철학을 전공할 것인지를 두고 한때 고민했다. 법학으로 결정한 뒤에도 철학에 미련이 남아서 철학 강의를 많이 들었다. 철학자와 특히 철학도들 대부분은 크게 두 부류로 나뉜다는 것도 그 때 알게 되었다. 이념 철학을 하는 사람들과 궤변 철학을 하는 사람들을 말한다. 현실 참여의 철학을 하는 사람들과 현실 도피의 철학을 하는 사람들을 말한다. 순수 철학을 한다는 궤변론자들은 대부분 현실 문제에 관심이 없기 때문에, 함께 대화를 나눌 만한 상대가 되지 못했다. 철학 강의실에서나 만나는 사람들이었다. 그러나 그들의 궤변 철학도 철학적 성장의 단계에서 볼 수 있는 하나의 방편이라는 생각에서, 나중에 성장하면 진정한 철학적 통찰을 할 수 있게 되리라는 기대를 하게 했다.

한편 이념 철학을 하는 현실 참여의 철학도들은 토론의

좋은 상대자들이었다. 그들과는 수행의 동료와 같은 관계를 맺을 수 있었다. 출가한 뒤에는 만날 길이 없었으나, 이따금 그들과 함께한 토론과 행동을 떠올리면서 혹시나 출가의 결정이 현실 도피가 아니었을까 하고 자문해 보기도 했다. 물론 시대와 역사가 요청할 때는 수도자의 신분으로도 언제든 행동으로 참여하리라고 다짐해 왔다. 그러면서도 마음 속으로 늘 기원하는 바는 그들의 이념 철학도 이념적 실천을 넘어서서 순수한 철학적 통찰로 이르게 하는 수행의 길이 되리라는 것이었다.

철학적 통찰로 깨닫게 되는 진리와 종교적 수행으로 깨닫게 되는 진리를 생각해 보았다. 진리라는 공통점이 뜻하는 바는 무엇일까? 진리를 깨달았다는 증거는 무엇일까? 문득 떠오른 생각이 있었다. 진리는 우리를 자유롭게 해 준다는 것이었다. 그 자유는 어떤 자유를 말하는 것일까? 정치적 자유도 아니고, 법적인 자유도 아니고, 제도적인 자유도 아니고, 경제적인 자유도 아닌, 종교적인 진리와 철학적인 진리가 주는 자유는 어떤 것일까?

마음을 비우는 수행은 분명 마음을 자유롭게 해 주었다. 출가한다는 것 자체가 마음을 세속의 일들에서 벗어나게 한다. 단순화되고 규칙화된 절집 생활은 마음을 그만큼 자유롭게 해 준다. 마음 속 생각들을 지우게 하는 명상은 빈 마음의 자유를 느끼게 한다.

모든 것을 절대자인 하느님에게 맡기는 믿음의 선택도 마음을 자유롭게 해 주는 또다른 방법이다.

다만 우리의 마음은 언제라도 계산하는 마음으로, 감정적인 반응을 하는 마음으로, 욕망하는 마음으로, 적응해야 하는 마음으로 돌아가지 않을 수 없으므로 누구나 다시 명상으로 돌아가고, 기도로 돌아가는 일을 되풀이해야 하는 것이다. 마음의 평안과 자유를 얻기 위한 종교적 수행으로 돌아가야 하는 것이다.

그러나 수도자의 길은 다르지 않은가? 마음을 비움으로써 얻게 되는 자유는 깨달음으로 얻게 되는 자유와 다르지 않은가? 마음을 비우는 것이 마음을 편안하고 자유롭게 해 주는 방편이듯이, 수도자에게는 그런 자유로움 자체도 또 하나의 방편이 아닌가? 깨달음에 이르게 하는 방편이 아니겠는가? 그러니까 깨달음은 어떤 지적인 깨달음을 뜻하는 것이 아니라 인식 능력의 변화를 의미하는 깨달음인 것이다. 마음의 인식 능력이 새로운 차원으로 승화되면서 새로운 세계를 볼 수 있는 자유로움을 느끼게 되는 것이다.

깨달음의 체험이 스님들에게 새로운 인식 능력을 갖게 하는 것은 사실인 것 같다. 스님들과 이야기하면 대화 내용이 다르고, 마음과 마음이 통하는 체험도 다르다. 하지만 그렇게 체험되는 인식 능력이 어떤 것인지는 명확하지 않다. 다른 인식 능력, 예컨대 지성적 인식이나 감성적 인식처럼 안정되고 고정적인 능력이 아니라서, 스님들은 깨달음에 의한 인식 능력의 변화를 개념화하여 표현하려고 하지 않는다.

그러나 큰스님은 깨달음을 통한 인식 능력의 변화를 자신 있게 말씀하였다. 의식의 세계와 무의식의 세계를 자유자재로 드나들 수 있게 하는 마음의 능력이라고 했다.

의식의 세계를 지배하는 마음이 잠들었을 때 무의식의 세계에서 일어나는 일들이 부분적으로나마 의식의 세계로 전달되는 것이 꿈이라고 한다. 꿈에서 접하게 되는 그런 무의식의 세계를 의식의 세계와 연결시켜서 자유자재로 드나들 수 있게 된다는 말씀이었다.

큰스님의 그러한 마음이 어떻게 다른 사람의 마음을 읽어 내는 능력으로까지 확장되는 것일까? 다른 사람의 무의식까지 들여다보는 듯한 그 능력은 어떻게 가능할까?

무의식의 세계가 개인의 두뇌에서 일어나는 일로 제한된다면 큰스님이 자유자재로 드나들 수 있는 무의식의 세계는 큰스님 자신의 두뇌 세계뿐이어야 한다. 그러나 큰스님은 자신의 무의식 세계를 넘어서서 다른 사람의 무의식과 의식 세계를 보는 능력을 갖고 있지 않은가!

나는 무의식의 세계를 개인의 두뇌 세계로 제한하는 데에 문제가 있을지도 모른다고 생각해 보았다. 그런 두뇌 세계에 입력되어서 억압되었던 정보가 꿈으로 나타난다는 것은 부정할 수 없을 것이다. 하지만 꿈의 세계에는 그런 내용과는 전혀 다른 것들도 있다. 계시적인 것도 있고, 예언적인 것도 있다. 다시 말해 일어난 적이 없는 일이 꿈으로 나타나기도 한다. 자기가 체험한 적이 없는 일이 꿈으로 나타나는 것이다.

우리가 무의식이라고 하는 것에는 '초의식'이라고 함직한 특수 의식 기능이 포함되어 있는 것은 아닐까? 영력을 가진 사람들이 있다. 무당 같은 사람의 능력을 말한다. 계시를 받은 사람의 능력도 그렇다. 큰스님의 인식 능력도 그런 영력으로 이해해야 할 것이다. 말하자면 큰스님이 자유자재로 드나들 수 있다고 한 무의식의 세계는 초의식의 세계까지 포함하는 것으로 이해해야 한다.

우리의 마음은 의식의 공간에서 기능한다. 가끔은 무의식의 공간과 연결되기도 한다. 꿈을 통하여 주로 연결되는 공간이 무의식의 공간이다. 하지만 초의식의 공간과 통하는 체험도 가능하다. 영성적 감응의 공간이라고 할 초의식의 공간 말이다. 영감을 얻는 체험, 영혼으로 감동하고 공감하는 체험은 누구에게나 가능하다. 하지만, 큰스님의 뜻은, 깨달음을 통하여 그런 영성적 공간을 자유자재로 드나들 수 있는 마음의 인식 능력이 살아난다는 것을 말해 주려고 한 것일 터이다.

마음의 영성적 기능이 자유롭게 되는 것, 그것이 깨달음에서 얻는 자유라는 것이다. 그런 인식 능력으로의 승화를 위해 의식 공간을 지배하면서 의식 공간의 지배를 받는 마음, 그러니까 지성적 기능의 마음과 감성적 기능의 마음을 약화시키는 수행을 계속해야 한다는 것이다. 의식 공간으로부터 자유롭게 되는 마음이 초의식의 공간, 즉 영성의 공간에서 자유롭게 기능할 수 있도록 수행해 나가야 한다는 것이다. 깨달음의 체험을 거듭해 가면서 영성적 기능이 점점 더 자유로워지고, 따라서 영성의 공간이 정보 기능의 공간으로서 더욱 명확해져야 한다는 것이다.

나는 철학이 영혼을 맑게 한다는 말도 그런 뜻으로 이해할 수 있으리라 생각했다. 하지만 철학을 하는 것이 어떻게 영성적 기능을 더 자유롭게 해 줄 수 있는지는 이해할 수 없었다.

영혼이라는 실체가 있어서 육체를 떠난 영혼이 순수 영혼의 세계로 돌아가게 된다든지, 그런 영혼이 윤회를 통하여 다시 육체와 결합하게 된다든지 하는 것은 모두 방편으로 하는 말이라고 받아들이면 그만이었다. 영성적 정보 기능의 세계가 명확해지고 활성화되어 자유롭게 드나들 수 있는 세계가 되어야 함을 방편으로 표현한 것이 영혼의 세계이고 영혼의 윤회라고 생각한 것이다.

하지만 철학은 지성의 공간을 가장 중요시히지 않는가? 그런 철학이 어떻게 영성의 공간이 순수하게 되게 하고, 자유롭게 되게 할 수 있을까? 지성의 공간을 포기해야 한다는 말인가? 논리적으로 따지는 것이 수행의 걸림돌이 되었듯이, 지성과 이성을 중요시하는 철학도 그것을 포기해야만 영성의 세계로 돌아갈 수 있다는 것인가? 그러나 철학을 함으로써 영혼이 맑아질 수 있다는 말은 철학을 포기한다는 뜻이 아니다. 철학도 한 방편이 될 수 있다는 뜻이다.

붓다의 마음: 돈오란 무엇인가

내게는 마음을 다스리는 두 가지 방법이 있었다. 좌선으로 마음을 비우는 방법과 행선으로 마음의 흐름을 따라가는 방법이었다. 생각을 멈출 수 없을 때, 생각을 지울 수 없을 때 나는 길을 나선다. 목적지 없이 그냥 걷는다. 어디론가 가고는 있지만 그 곳을 가기 위한 걸음은 아니다. 나는 그것을 '공간 이동'이라고 한다. 공간을 최소화하여 공간 의식이 없게 하는 좌선과는 다르다. 공간이 변화해 가는 것을 그냥 마음이 따라가게 하는 것이다. 공간의 변화에 마음이 반응하는 것을 그냥 따라가게 하는 공간 이동이다. 몸이 공간 이동을 하면서 마음도 공간 이동을 하게 하는 것이다. 물론 몸으로 느끼는 공간의 변화와 마음으로 인식하는 공간의 변화는 다르다.

공간의 변화에 반응하는 마음은 다양한 공간을 제각기 다른 특성과 기능으로 인식하는 데 익숙해진다. 자연스러운 공간 변화에 자연스럽게 대응하는 마음이 되는 것이다. 그러다가 몸이 가벼워지면서 공간적 거리를 느끼지 못하게 되듯이, 마음도 바깥 공간의 변화를 의식하지 못할 정도로 내면화되면서 생각의 흐름을 따라가게 된다.

마음 속의 다양한 공간을 지나가게 되는 생각으로 또다른 공간 이동을 하는 것이다.

　그 날은 가끔 찾아가는 인사동을 거닐고 있었다. 어떤 대학생이 불쑥 내 앞에 나타나 인사를 했다. "스님, 저 기억나세요? 제가 그 때 그 동자승이에요!" 놀라운 일이었다. 그러나 내 반응은 나 자신이 믿지 못할 만큼 뜻밖이었다. "그래 많이 컸구나. 그렇지 않아도 오늘 여기서 너를 만나리라고 생각했었지!" 그런데 대학생의 반응은 더 놀라웠다. "그럼요. 우리 어머니의 전시회에 오신 거지요? 저도 스님을 만나게 되리라고 생각했어요."

　대학생이 된 동자승을 따라서 전시장으로 들어섰다. 관람객이 많았다. 그 날의 주인공인 화가부터 만나고 싶었지만, 관람객들 때문에 찾기 힘들겠다 싶어서 먼저 작품들을 둘러보기로 했다. 전시장을 들어서자 마주 보이는 벽에 걸린 작품이 눈에 들어왔다. 그 벽에는 그 작품 하나만이 걸려 있는데, 제목이 '불심초佛心草'였다. 참으로 신비로운 느낌을 주는 작품이었다. 사람의 마음을 강하게 끌었다. 눈이 저절로 그 작품으로 집중하게 하는 이상한 힘을 느끼게 했다. 잠시 눈을 다른 것으로 돌렸다가 그 작

품으로 다시 되돌리면, 방금 전에 보았을 때와는 다른 그
림으로 보였다. 인상만 바뀌는 것이 아니었다. 마치 다른
작품을 대하는 듯했다. 작품이 이렇게 보는 순간마다 바
뀌다니 참으로 신기한 일이었다.

　안내하는 사람에게 화가를 만나 보고 싶다고 했다. 잠
시 나갔다고만 했다. 그림들을 몇 번씩이나 둘러보았고,
그 때마다 '불심초佛心草' 앞에서 마음을 빼앗긴 듯 한
참씩 서 있곤 했다. 관람객들이 차츰 줄어들면서 전시장
안이 조용해졌다. 대학생이 된 동자승도 보이지 않았다.
인사도 없이 그 곳을 떠난 것이 이상했다. 전시관 문을 닫
을 시간이 되었다는 안내원의 말을 듣고 그 곳을 나섰다.
인사동 밤거리가 너무 어둡다는 생각이 들어서 눈을 크게
떠 보았다. 캄캄한 방 안이었다. 모든 것이 꿈 속의 일이
었다. 다시 눈을 감고 그 꿈 속으로 돌아가고 싶었다.

　무의식의 꿈이었을까? 초의식의 꿈이었을까? 나는 영
성적 교감이었다고 생각했다. 이제는 만날 때가 되었다는
생각이 들었다. 마음에 부담이 되지 않으면서 자유롭게,
늘 만나는 사람처럼 만날 수 있게 되었다는 생각이었다.
내게는 얼굴을 보이지 않았지만, '불심초佛心草'를 보고

있는 나를 그 어머니 화가, 그 옛날 미대생 화가는 분명히 보았으리라는 생각도 들었다. 동자승의 어머니가 그 미대생이리라는 생각에는 확인하지 못한 만큼 분명 비약이 있지만, 어느 새 내 마음 속에서 거부할 수 없는 믿음이 되어 버렸다.

마음은 실재 세계를 표상해 준다. 정보 기능으로 마음 바깥의 세상을 표상해 준다. 정보 기능으로 표상해 주기 위해서는 처리되는 정보의 내용과 그것을 처리하는 논리를 필요로 한다. 마음의 정보 처리 기능에서 정보 내용이 되는 것은 마음의 지식이라고 한다. 기억된 정보라는 뜻이다. 정보 처리 기능에서의 논리는 바깥세상에서의 논리와 일치해야 한다. 바깥세상의 공간과 마음의 공간이 다르기 때문에 논리의 일치는 논리의 공명으로 이해할 수 있다. 그런 의미에서 논리가 일치할 때 그것은 마음의 지혜가 된다. 그러나 논리가 맞지 않을 때에는 마음이 온갖 오류를 범하면서 부자유하게 된다.

마음이 표상해야 하는 바깥세계는 다양한 종류의 공간을 형성하고 있다. 논리의 적용을 달리 하는 다양한 공간 세계로 이루어져 있다. 이를테면, 연역 논리적 설명이 가능한 법칙적 질서의 공간이 하나의 예가 된다. 물리적 역학 관계의 공간이 그런 축에 든다. 하지만 미시적 물리 세계로 내려가거나 거시적 물리 세계로 올라가면 연역 논리적 법칙의 지배가 한계성을 드러내게 된다. 역학 관계의 공간은 생물의 세계에도 있고 인간 사회에도 있지만, 그 또한 연역 논리만으로는 설명할 수 없는 상황이 가능하다는 것을 보여 준다.

우연한 사건 같은 것이 공간적 분포나 시간적 분포의 현상으로 드문드문 일어날 때가 있다. 그들 사건의 분포를 연결시켜 주는 숨은 원인을 찾게 될 때 그것은 귀납 논리적 설명을 가능하게 한다.

자연 현상에서든 인간 사회의 현상에서든 비슷한 구조가 비슷한 기능을 하게 하거나, 비슷한 기능을 함으로써 비슷한 구조가 되는 것을 볼 수 있다. 비슷한 빛깔로 나타나는 성분이 비슷한 반응을 하게 하는 것도 그런 현상이다. 유비 논리적 설명을 가능하게 하는 것이다.

역사적 변화의 현상에는 갈등과 대립의 관계가 지양적으로 종합되는 진보적 변화도 있고, 그런 종합의 상태가 새로운 대립 관계로 분열되는 퇴보적 변화도 있다. 그뿐만 아니라, 양적인 확대가 질적인 변화로 비약하는 수도 있고, 질적인 차이가 양적인 차이로 대치되면서 다시 질

적인 비약을 가져오는 변화도 있다. 변증 논리적 설명을
적용하게 하는 역사적 변화이다.

자연 현상에서든 문화 현상에서든 전체가 부분의 합 이
상의 속성과 기능을 드러내는 구조가 있다. 따라서 그런
전체의 특성을 이해함으로써 부분 부분의 특성을 새롭게
이해할 수가 있다. 귀추 논리적 설명을 필요로 하는 현상
이다.

생존을 위한 적응이 필요한 현상, 경쟁에서 이겨야 하
는 현상, 끊임없이 새로운 것을 만들어 내야 하는 현상,
발전을 위한 변화를 유도해 내야 하는 현상에서는 방법이
필요하고, 기술이 필요하고, 수단이 필요하고, 전략이 필
요하다. 실천 논리석 설명이 적용되는 현상이다.

이상은 우리 인간이 적용할 수 있는 몇 가지 논리의 유
형을 제시해 본 것이다. 물론 논리가 이러한 몇 가지로 제
한된다는 뜻은 아니다. 적어도 연역 논리만으로 제한할
수 없다는 것과, 비연역 논리의 다양한 가능성을 열어 줌
으로써 다양한 공간의 다양한 논리를 생각하자는 것이다.
어떤 공간에서는 한 가지 논리가 지배적으로 적용되는 현
상을 볼 수도 있으나, 대부분의 공간에서는 다양한 논리

가 복합적으로 적용되고 있다는 것을 간과해서는 안 된다. 우리의 마음에는 적용 논리를 단순화하려는 성향이 있기 때문이다.

우리 마음의 지성적 판단이나 감성적 반응에 대해서 그 이유를 물으면 논리적인 이유를 제시하지만 그것은 대체로 단순한 논리가 되고 만다. 그것은 자신의 논리로 합리화한 이유일 뿐이다. 반면에, 이유를 묻지 않고 원인을 물으면, 객관적 상황으로 관심을 돌리게 된다. 주관적 이유와는 다른 상황적 원인을 찾게 되고, 그런 원인 설명은 대체로 복합적인 논리의 적용을 필요로 하는 설명이 된다. 지성적 마음이든 감성적 마음이든 우리의 마음이 논리의 제한, 논리의 단순화 때문에 객관적인 실제 상황의 논리와 맞지 않는, 논리적 불일치의 오류를 쉽게 범할 수 있음을 보여 준다.

그런데 무의식으로 오는 생각이나 느낌에 대해서는 이유를 물을 수 없다. 다만 원인을 설명할 수 있을 뿐이다. 무의식의 논리, 즉 무의식 현상의 원인을 설명하는 논리를 말할 수 있을 뿐이다.

마찬가지로 초의식이라고 한 영성적 체험에 대해서도 이유를 물을 수는 없다. 밖으로부터의 원인에 의해서 일어나는 체험이기 때문이다. 하지만 그런 영성적 체험의 원인을 설명할 수 있는 논리는 없다. 두뇌 기능에 의존하리라고 생각되는 무의식 현상에 대해서는 원인 설명을 가능하게 하는 논리가 있겠지만, 영성적 체험은 영성적 정보 기능을 말하는 것이므로 인간의 몸 밖으로부터 오는 우주적 정보를 수신하는 것으로 생각하게 된다. 이러한 영성적 체험은 우리의 마음이 우주의 마음으로 확장되는 것 같은 새로운 차원의 정보 능력 또는 인식 능력으로 승화되는 체험으로 오지만, 그런 초의식의 논리가 무엇인지는 명확하지 않다. 다만 우주의 마음으로 확장되는 느낌은 의식의 공간을 지배하는 논리의 제한에 얽매이지 않게 하는 힘으로 작용한다. 마음의 논리적 오류로부터 자유로워지는 느낌을 갖게 하면서, 객관적인 논리에 마음의 논리가 공명하게 작용하는 새로운 능력으로 인식된다는 것이다.

　나는 나 자신이 다른 사람의 지성적 마음을 그것의 논리로 읽을 수 있게 된 능력에 스스로 놀랐다. 감성적 마음도 그것의 논리로 파악할 수 있다는 것이 놀라웠다. 남의 마음을 들여다볼 수 있는 논리적 공명의 힘을 말하는 것

이다. 더욱 놀라운 것은 다른 사람의 영성적 체험에 대해
서도 공감할 수 있는 능력이 새로워졌음을 느끼게 되었다
는 것이다. 영성 대 영성의 공감이라는 것은 느낄 수 있었
으나 그것의 논리가 무엇인지는 여전히 잡히지 않은 상태
였다. 영혼의 감동을 공감하는 것만이 아니라 영혼의 아
픔도 공감할 수 있는 능력의 향상을 말하는 것이다.

  그런 영성적 공감을 그것의 논리적 공명으로 이해할 수
있다면, 이 세상 어떠한 논리적 공간에 대해서도 논리적
공명을 통하여 이해할 수 있으리라는 생각을 해 보았다.
그러나 그것은 우리 인간의 논리가 미칠 수 있는 한계를
의미하는 것이리라 생각했다. 무지無知를 깨달아야 한다
는 철학이 가르치는 것도 그런 논리적 한계를 깨닫게 하
는 것이라고 이해했다. 논리적 한계를 이해할 때, 마음의
논리적 오류를 이해하고, 그것으로부터 자유롭게 될 수
있다는 뜻이라고 이해했다. 마음의 논리적 오류를 씻어
버림으로써 영혼이 맑아질 수 있다는 것이 철학으로 통하
는 영성적 체험이라고 생각했다. 철학적 통찰력에 이르게
하는 길이라고 생각했다.

  하지만 철학에서도 인간의 논리가 그 한계에 이르렀음
을 인식하게 하지만, 그것을 넘어선 인식 세계의 논리가

어떤 것인지는 말해 주지 못한다. 철학이 초인의 마음과 초인의 논리를 생각하게 하는 이유이기도 하다.

붓다의 마음을 생각해 보았다. 어떠한 마음의 논리도 정확하게 파악할 수 있었던 붓다의 논리적 능력을 생각해 보았다. 어떠한 논리적 공간이든 자유자재로 옮겨 다니면서 논리적 공명을 통하여 정확하게 이해할 수 있었던 붓다의 마음을 생각해 보았다. 어떠한 영성적 체험의 공간에 대해서도 그것의 논리적 작용을 통하여 공감할 수 있었던 붓다의 마음을 생각해 보았다. 영성적 공간의 논리까지도 파악하여 공명할 수 있었던 붓다의 마음은 바로 초인의 마음이었다고 생각했다. 논리적 공간을 자유자재로 이동할 수 있게 한 붓다의 논리는 초인의 논리였다고 생각했다.

붓다의 마음은 우리 인간의 마음이 지향해야 할 초인의 마음으로 저만치 떨어져 존재한다. 인간의 마음으로 성취할 수 있는 가능성으로 보여 준 붓다의 마음이지만, 결코 성취할 수 없는 이상理想으로, 지향적 목표로 남아 있을 수 있다. 하지만 인간의 마음은 붓다의 마음을 지향하는 길 위의 마음이라는 것, 길 위의 주막 같은 마음이라는 것

을 깨닫게 했다. "공부하다 죽어라" 한 큰스님의 말씀도
이해가 되었다. 길을 가면서 마음의 공간 이동을 체험하
는 스님의 행선이 의미하는 것도 새롭게 이해가 되었다.

소크라테스와 붓다

붓다의 길에 대한 철학적 소고

소크라테스와 플라톤

플라톤은 철학자가 현실 정치에 참여하여 이상적인 지도자가 될 수 있다고 믿었다. 그리하여 철인 왕 또는 철학자-통치자를 그런 이상적 지도자로 제시했다.

플라톤은 자신과 함께 철학을 하던 친구가 세습된 권력으로 시실리의 왕이 되자, 그에게 철인 왕이 될 것을 제안했으나 그는 플라톤의 제안을 거절했다. 현실 정치에서는 철학자의 도움이 오히려 장애가 될 수 있다는 것을 그 친구는 짐작한 것이다. 그 뒤로 서양 정치사에서 철인 왕이 현실 정치에서 실현된 적은 없다.

플라톤의 정치철학은 현실적으로 실현 불가능한 이상적인 지도자상을 제시한 것으로 그쳤다. 그가 설정한 이데아의 세계는 그런 초월적, 이상적 세계였다. 그 이데아의 세계는, 모든 것이 완전한 세계였으므로, 불완전한 현실 세계에 대해서는 초월적으로 존재할 수밖에 없다. 그런 이데아의 세계를 설정함으로써 플라톤은 철학자의 세계를 현실 세계와는 다른 차원에서 존재하게 했다. 결국 철학적 왕국을 만든 결과가 되었으며, 플라톤은 그 철학적 왕국의 철인 왕이 되었다. 철학으로 말하자면 플라톤 철학, 플라톤 사상, 플라톤 학파의 교조가 되었다.

소크라테스는 스스로 정치가가 되려고 하지 않았다. 그의 철학은 현실 정치를 비판하는 역할을 할 수밖에 없었다. 진리나 정의나 선善의 기준에 어긋나는 현실을 비판하는 것이 철학적 사유로 성장하는 과정이기 때문이었다. 현실 정치의 권력으로부터 정치적 재판을 받고 처형당할 수밖에 없도록 하는 것이 소크라테스의 철학이었다. 그는 그러한 정치적 재판의 결과에 대해서도, 비록 독배를 마시고 죽어야 하는 사형 선고였지만, 그것을 피하지 않았다. 정치적으로 대응하기보다는 철학의 순수함을 지키는 죽음을 택한 것이다. 현실을 비판해야 하는 철학은 결코 현실 타협적인 수단을 쓸 수 없다는 것이었다.

소크라테스의 철학은 비판 대상이 되어야 하는 현실 권력에 타협하지도 않았거니와, 이데아의 세계와 같은 초월적 이상세계도 설정하지 않았다. 논리의 힘으로, 논리적으로 성숙해 가면서 현실 세계의 불완전성을 비판하는 것이 소크라테스가 보여 준 철학의 길이었다. 그는 철학의 교조가 될 수도 없었다. 누구나 스스로의 힘으로 성장해 갈 수 있는 철학의 길을 안내할 뿐이었다. 플라톤의 글을 통해서 볼 수밖에 없는 소크라테스이지만, 플라톤과 다르게 보는 것이 필요하고 중요하다.

소크라테스와 붓다

새 학기가 시작되는 첫 월요일 아침이다. 지난 팔 년 동안 나를 긴장하게 하던 월요일이다. 그 시절 같으면 기차를 타고 포항으로 가고 있을 시간이다. 기차에서 월요일 오후 강의를 위해 생각을 정리하거나, 메모를 하다가 잠들기도 했다. 아버지 장례가 있던 월요일 한 번만 휴강했을 뿐이다. 주말에 감기가 들었다가도 월요일 아침이 되면 아무 일도 없었던 것처럼 거뜬하게 집을 나서곤 했다. 그러던 첫 월요일 아침에, 오늘은, 대학로 카페에서 여유롭게 글을 쓰고 있다.

그저께부터 이미 나는 포항으로 가는 길이 아닌 다른 길을 찾아가기 시작했다. 붓다를 찾아가는 길이다. 서양 철학에서 소크라테스의 논리를 터득한 나는 이제 그 논리로써 붓다를 찾아 보고자 한다. 소크라테스가 독배를 마시기로 한 때가 일흔살이었다. 이제 나 또한 일흔살이 되어 소크라테스의 논리로써 소크라테스를 떠나 붓다를 만나는 길을 나설 수 있게 되었다. 여든살에 입적한 붓다를 만나기 위한 이 길을 적어도 십 년쯤은 지켜 갈 수 있으면 좋겠다.

소크라테스의 논리로 붓다를 만나기 위해 떠나는 이 길을 열어 둔 것이 앞에 나온 '불심초佛心草'라는 글이다. 팔 년 전 포항공대로 자리를 옮기면서 구상하기 시작하였다. 그리고 지난 학기 그 곳에서의 마지막 강의를 마치고 성적 제출까지 끝낸 뒤에 그 동안 준비해 온 자료와 생각을 다시 정리하고 구성하여 글을 쓰기 시작했다. 글을 쓰기 시작하자 멈출 수가 없었다. 하루에 쓰고자 한 내용이 생각의 흐름과 함께 그대로 글로 표현되어 나왔다. 미친 듯이, 어떤 힘에 사로잡힌 것처럼, 날마다 일정량의 글을 쓰게 되었다. 놀라운 체험이었다. '동쪽에서 만난 기독교와 철학'을 쓸 때에도 그런 체험을 했던 기억이 있다.

붓다를 만나러 가는 길에서 우선해야 할 첫 과제가 시공간의 관리임을 깨달았다. 이를테면, 신촌에 있는 이대 평생교육원에서 강의하는 날은 목요일, 금요일, 토요일로 한정하고, 월요일, 화요일, 수요일에는 대학로나 명동의 카페에 나와서 나만의 온전한 시공간을 갖는 것으로 엄격히 구별하는 것이다. 마음으로 하는 수행에서 시공간의 관리가 얼마나 중요한지는 붓다가 일찍이 보여 준 바다.

시공간의 변화는 논리의 변화를 뜻하며, 그것은 마음의 논리에 영향을 주게 된다. 붓다를 만나는 길이 마음의 논리로 정진해야 하는 길이라면, 시공간의 관리는 수행의 첫걸음이다.

진리, 논리, 자유

"진리를 알면 진리가 우리를 자유롭게 한다"는 말은 모든 종교가 공통으로 가르치는 진리이다.

소크라테스를 성인의 한 사람으로 여기게 한 것도 그의 철학이 그와 같은 진리를 가르치기 때문이다. 무지無知를 깨닫게 함으로써 자유를 얻게 하는 가르침이다. 무지에서 온갖 악이 나오고, 그런 악이 우리를 부자유하게 한다는 것이다. 무명無明이 온갖 번뇌의 원인이 되어 우리를 부자유하게 한다는 붓다의 가르침과 같다.

진리를 가르치는 사람이 종교의 교주이다. 종교의 경전이고 교리이다. 교주는 경전을 해석하고 교리를 가르치는 권위자로서 군림한다. 대부분의 사람들은 그런 교주의 권위를 믿고 그를 무조건 따르는 길을 택한다. 진리를 가르쳐 주고 진리를 지켜 준다는 믿음 때문이다.

그러나 그런 교주, 그런 성직자가 오류를 범할 수도 있고, 타락하여 위선자가 될 수도 있다. 스스로 진리와 거짓을 판별할 능력이 없는 사람들은 그런 위선에 속아 넘어간다. 그리고 그로 인한 피해가 드러난 뒤에야 가짜 성직자를 배척하게 된다.

소크라테스는 물론 종교의 교주가 된 것도 아니고, 철학의 교조가 된 것도 아니다. 플라톤을 위시해서 그 뒤의 여러 철학자들을 교조로 모시는 사람들은 많아도, 소크라테스를 철학의 교조로 모시는 사람은 없다. 그는 진리를 직접 가르치는 스승 노릇을 한 것이 아니라, 진리와 거짓을 구별하면서 진리를 추구할 수 있게 하는 논리적 사유의 길을 열어 주었다. 자신의 논리적 사유로 진리에 이르게 한 것이다.

"진리가 있으니, 논리의 힘으로 그 진리를 깨닫게 되면, 진리가 우리를 자유롭게 한다"는 것이 소크라테스가 열어 준 철학의 길이었다. 논리의 힘을 중요시하고, 논리적 사유로 성장할 것을 가르쳐 준 붓다도 그런 점에서 소크라테스와 가장 잘 통한다고 생각한다. 다만 불교라는 종교의 길이 붓다의 그런 가르침, 그런 길 안내를 약화시켜 버렸을 따름이다. 그러나 붓다의 근본으로 돌아가면 분명히 소크라테스의 철학과 통하는 논리의 길이 있으리라고 생각한다.

'진리→(논리→자유)'라는 관계를 볼 때 논리의 힘이 필수적이고 중요하지만, 논리가 잘못 선택되고 제한되면 그것 또한 진리에의 길을 가로막는 무지나 무명의 원인이 될 수 있다. 그러니 논리의 힘도 진리에 이르게 하는 또 하나의 방편일 뿐이다. 우리는 끊임없이 논리적으로 성장해야 하며, 그와 더불어 언제나 인간적인 능력의 한계를 의식해야 한다. 방편일 뿐인 논리의 힘을 절대시해서는 안 된다는 것이 붓다의 가르침이며, 또한 소크라테스의 가르침이다.

공간 배정

철새 떼가 그처럼 빠르게 이동하면서도 서로 부딪치는 사고가 일어나지 않는 것이 신기하다. 새들은 저마다 자기 힘으로, 자기 판단으로 날아야 하지만 그것만으로 전체 집단의 질서가 지켜질 수 있을까? 전체 집난의 질서를 지켜 주는 어떤 힘이 있는 것일까?

노루 무리가 이동을 하다가 늑대들을 만나면 십여 마리가 늑대의 먹이로 희생된다. 그럴 때 무리의 뒷부분에 있던 노루들이 당하기 마련이다. 먹이사슬의 질서이니 당연한 일이다. 그러나 그렇게 당하는 노루가 억울하다고 생각할까? 노루가 무리지어 다닐 때 누가 어느 자리에 서느냐 하는 자리 선정은 어떻게 결정할까? 늑대의 먹이가 되기 쉬운 자리를 기꺼이 선택할 노루는 없을 텐데.

나무는 커 가면서 잎이 무성해진다. 나무의 그 많은 잎이 공간 배정(spacing)을 하는 것도 신기하다. 물론 햇볕을 잘 받기 위한 공간 배정이다. 나무에게 마음이 있는 것도 아닌데, 어떻게 그런 공간 배정이 가능할까? 그렇게 프로그램이 되어 있다고 하면 되겠지만, 그런 프로그램이 어디서 어떻게 비롯되었는지 사뭇 궁금하다.

대학로에서 노점상들이 그들의 공간 배정을 박탈당하지 않으려고 시위를 했다. 노점상을 없애고 그 자리에 대신 꽃을 심은 통을 배치하기로 한 종로구청과의 싸움이었다. 생사가 걸린 싸움이었다. 종로구청에서는 어떤 기준으로 그런 결정을 할 수 있었는지도 궁금하다.

서울의 주택가를 지역별로 구분해 보면서 전체 도시의 공간 배정을 생각해 볼 수 있다. 빈부 차이가 뚜렷하게 드러난다. 달동네가 존재한다는 사실과 그것을 심각한 문제로 받아들이는 정권이 없었다는 사실이 공간 배정에 관한 우리 인간의 한계성을 보여 준다. 먹는 문제와 입는 문제에 견주면 주거지 문제는 빈부 차이가 불가피한 것처럼 착각하게 한다.

하늘을 소유할 수 없듯이 땅을 소유할 수도 없다고 믿었던 아메리카 대륙의 원주민들을, 유럽에서 건너온 사람들이 학살하고 멸종시키면서 땅을 차지했다. 그들은 '개척'이라는 명목으로 그 땅을 차지했다. 영토 전쟁은 지금도 계속되고 있다.

자연이 이 지구상에서 우리 인간에게 배정해 준 공간은 얼마나 될까? 그런 공간 배정의 한계를 넘어설 때 우리 인간은 어떻게 될까?

죽은 사람에게 배정될 수 있는 공간, 즉 무덤의 공간은 얼마나 될까? 죽어서까지 자기 공간을 차지하는 생물은 인간뿐이다. 자연은 언제까지 죽은 사람의 공간 배정을 허용할까? 살아서 차지할 수 있는 공간 배정에 대해서도 자연이 우리에게 말하는 바는 무엇일까?

정서적 거리감

스페이싱spacing은, 객관적으로 말하면 '공간 배정'이고, 주관적으로 말하면 '거리감'이 된다. 공간 배정은 전체 공간에 대한 질서를 전제해야 하고, 거리감은 물리적 거리와 심리적 거리의 관계를 전제해야 한다. 따라서 적절한 공간 배정이 어떤 것인지를 문제시할 수 있듯이 적절한 거리감이 어떤 것인지도 문제시할 수 있다.

눈에서 멀어지면 마음에서도 멀어진다고 한다. 자주 만나면 정이 든다는 말도 그렇다. 몸으로 하는 체험이 마음에 영향을 준다는 뜻이다. 자주 만나서 더 미워지는 것도 같은 이치일 것이다.

그런데 정신적인 사랑(platonic love)은 전혀 만나지 않고서도 지켜 갈 수 있는 사랑이라고 한다. 몸의 체험에서 전혀 영향을 받지 않는 마음의 체험을 말한다. 어떻게 가능할까? 이성적理性的 마음과 정서적情緖的 마음의 차이가 설명을 가능하게 할 것 같다.

인간의 이성적 마음은 그 자체의 논리로 무장되어 있다. 몸으로 체험하는 바깥세상에 대해서도 마음이 스스로의 논리로 재구성하여 이해할 수 있다. 마음의 주관적 세계가 가능하며, 그런 주관이 바깥세계를 해석하여 마음대로 이해할 수 있게 하는 것이다. 그것이 우리의 마음이 현실과는 맞지 않는 관념의 세계에 빠져 버릴 수 있는 이유이다.

따라서 그런 이성의 마음으로 사랑을 하게 되면 몸의 체험과는 무관한, 불변의 사랑이 될 수 있다. 또한 그런 이성의 논리로 증오하게 되면, 몸의 체험과는 무관하게 철저한 증오가 될 수 있다.

그런데, 인간의 정서에는 그런 논리가 없다. 논리가 작용하고 있겠지만 그것을 도구화하여 독자적인 정서의 논리로 마음의 정서를 재구성할 수 있는 능력이 없다. 이것이 정서적 마음이 몸의 체험 또는 공간적 체험에서 직접적으로 영향을 받게 되는 이유이다. 눈에서 멀어지면 함께 멀어진다고 하는 마음도 정서적 마음이다. 자주 만나

면 정이 드는 마음도 그렇고, 자주 만나서 미워지는 마음
도 그렇다.

이처럼 정서적 마음은 몸으로 체험하는 공간의 영향을
직접 받기 때문에 정서적 거리감(mood spacing)이 문
제시되지 않을 수 없다. 우리에게 정서적으로 영향을 주
는 체험 공간을 중요시하게 된다는 것이다.

어떤 친구들과는 자주 만나고, 어떤 친구들과는 되도
록이면 만나지 않고 하는 문제는 정서적 거리감의 문제이
다. 하지만, 그런 정서적 거리감의 선택과 결정이 뜻대로
되는 것만은 아니다. 만나고 싶은 사람은 만날 수 없고,
만나서는 안 될 사람은 만나게 되는 일이 일어난다. 그럴
때 우리는 정서적 거리감의 조정을 위해 대체적인 체험
공간을 만든다. 정서적 부족을 보완하기 위해, 또는 상처
입은 정서를 치유하기 위해 정서적으로 영향을 줄 수 있
는 체험 공간을 만드는 것이다. 음악의 공간과 영상의 공
간 또는 그림의 공간이 그런 보기이다. 공연 예술의 공간
도 그렇고, 문학의 공간도 그렇다. 물론, 건축 공간도 그
런 체험 공간이 될 수 있다.

정서적 거리감을 위한 또 한 가지 중요한 체험 공간은
명상의 공간이다. 명상을 통한 체험으로 정서적 거리감의

문제를 해결하는 것이다. 이 경우에는 명상을 도와 줄 공간 조건이 필요하므로 자연 공간이나 건축 공간에서 명상의 공간을 찾게 된다. 그러나, 명상이 종교적 수행의 과정일 때에는, 그런 외부 공간의 영향을 받지 않는 수행의 단계에까지 이르는 것이 수도자의 길일 터이다.

몸으로 체험하는 공간과는 무관하게 마음이 자유자재로 정서적 거리감을 선택하고 조정할 수 있게 되는 것은 곧 모든 것으로부터 초연할 수 있으면서 동시에 모든 것에 직접적인 관심을 갖는 정서적 거리감으로 다가갈 수 있는 경지일 것이다. 자비심은 그런 정서적 거리감을 통하여 느끼는 것이다. 모든 사람에게, 누구에게나 자비심을 느끼는 정서적 거리감으로 접근하는 것은 붓다의 마음에서나 볼 수 있다. 그런 붓다의 마음에 가까이 가고자 정진하는 수도자들이 귀하게 여겨지는 것은, 그 길의 완성이 의미하는 바를 보여 준 붓다가 있고, 비록 완성에는 미치지 못했지만 정진을 멈추지 않은 선행 수도자들이 있기 때문이다.

명상의 공간

　예술가에게는 명상의 공간이 영감을 얻는 공간이라고
한다. 창조적인 발상의 공간인 것이다.

　예술가에게는 그런 창조 작업을 위한 기본 교육과 훈련
이 필요하다. 예술가의 창조 능력이 어떻게 결정되는지는
알 수 없다. 그러나 스승과의 관계에서 도제식 교육이 도
움을 준다는 것은 말할 수 있다. 예술가의 명상, 즉 창조
적 작업을 위한 명상은 그런 도제식 교육의 연장으로 이
해할 수 있다. 명상의 공간에서 그런 도제식 교육의 스승
과 만나면서, 차츰차츰 스승에게서 독립해 가는 것이 예
술가의 성숙 과정이다.

　철학자는 사색의 공간과 명상의 공간을 혼동할 수 있
다. 이성理性의 논리가 지배하는 것이 사색이라면 그것은

명상이 아니다. 명상은 정서의 차원에서 자유로워지는 것을 조건으로 한다. 이성의 논리로부터 자유로워야 하는 것이다. '마음을 비운다'는 것이 뜻하는 바이기도 하다. 철학자의 사색이 영감을 얻는 체험에까지 이르면, 그것은 명상이라고 할 수 있으니 곧 '철학적 명상'이다.

종교적으로 말하자면, 명상의 공간은 영성적 체험의 공간이다. 영성적 체험은 지성과 감성, 이성과 정서를 바탕으로 하면서 동시에 그것을 초월하는 차원에서 일어나는 것이다. 지성과 이성의 판단이 전제되면서도 감성과 정서가 그것으로부터 자유로워질 때 영성적 체험이 가능하다. 그러나 지성과 이성의 판단이 전제되지 않았는데도 영성적 체험이라고 생각한다면 그것은 사실은 악령의 체험일 수도 있고, 마귀의 유혹에 빠지는 체험일 수도 있다.

종교적 명상에는 안내자가 필요하다. 영성적 체험으로 이끌어 줄 스승이 필요하다. 종교적 명상은 그런 스승과의 대화로 시작된다고 할 수 있다. 스승과 직접 대화하는 것이 아니라, 명상 속의 대화이다. 즉 명상을 하는 가운데 스승과의 대화로 안내를 받는 체험을 한다는 말이다.

스승은 어떤 이성의 논리가 제자의 마음을 지배하고 있는지 훤히 들여다볼 수 있으며 또한 그의 정서가 어떤 이성의 논리에 억압당하고 있는지도 알 수 있으므로 영성으로의 길을 안내해 줄 수 있다.

수도자만이 아니라, 예술가나 철학자에게도 영성 체험이 필요하다고 할 때, 붓다는 그런 명상의 공간에서 만날 수 있는 지상至上의 스승이다. 붓다는 이성의 논리를 정확하게 파악한 뒤, 그 논리에 억압되어 있는 정서를 자유롭게 해 주기 위한 대화를 이끌어 가는 스승이다.

공간의 자유

생명체는 무엇이든 공간을 위한 싸움을 하기 마련이다. 시공간적으로 존재하기 때문이다. 어떤 생명체든지 다른 생명체들과 공간을 공유하기 때문이다. 먹이사슬을 필요로 하고 가능하게 하는 공간이이야 하기 때문이다. 그런 공간의 조건을 망각한 우리 인간은 자기만의 공간을 바란다. 영원히 차지할 수 있는 자기만의 공간을 꿈꾼다.

천국이나 극락은 영토 싸움을 하지 않아도 되는 곳이다. 누구에게나 자기 자신의 공간이 배정되어 있는 곳이다. 공간을 공유하는 사람이 없으므로 복잡한 인간 관계도 일어나지 않는 곳이다. 따라서 시간의 변화가 무의미한 곳이다. 천국의 이러한 시공간적 조건을 진지하게 생각해 보면 그 곳은 무덤의 세계와 다를 바 없는 곳임을 알

수 있다. 시공간의 변화를 부정하는 영원한 세계는 생명
의 세계가 아니기 때문이다.

천국이나 극락의 세계를 의심하는 인간은 자신만의 공
간을 무덤으로 보장받으려고 한다. 조상의 무덤을 잘 만
들어 보존하면 복을 받는다는 희망적인 생각을 자식들에
게 주입시켜 가면서까지 죽은 뒤의 자기 공간을 보장받으
려고 한다. 그러나 그런 관습이 얼마나 더 오래 지켜질 것
인지 의심하는 사람들이 이미 많다. 무덤의 보존이라는
것도 다만 외형적으로 지켜지는 것이지 그 안의 내용물이
유지되는 것은 아니다. 다른 생명체들이 침입하여 공간을
차지하는 것을 막을 수는 없다.

모든 개인에게 공평하게 생활 공간을 배정해 주는, 이
상적인 평등 사회는 존재할 수 없다. 모든 사람에게 죽은
뒤의 무덤을 공평하게 약속해 주는 평등 사회도 존재할
수 없다.

생명의 세계에서는 영토 싸움이 불가피하다. 생명체마
다 자기 영토를 고정시켜서 차지하고자 한다면 영토 싸움
은 격렬해질 수밖에 없다. 집단적으로 이주를 계속하는
동물들은 그 같은 공간 이동을 통하여 영토 싸움을 그나
마 제한할 수 있음을 보여 준다.

우리 인간도 공간의 소유보다는 공간 이동이 서로에게 더 많은 자유를 줄 수 있을 것이다. 잠시 머물 공간이야 있어야 하지만, 자신의 것으로 소유하거나 고정시키지 않고 언제라도 다른 공간으로 옮겨갈 수 있다는 생각, 그리고 자기가 머물 공간이 더는 필요없게 되는 것이 바로 죽음이라는 생각은 우리 모두를 더 자유롭게 할 것이다. 공간적으로 더 여유롭게 할 것이다.

자기가 머물 자기 소유의 공간이 없어서 자유로울 수 있는 것이 붓다가 가르쳐 준 수행의 길이다. 남의 자유를 제한하지 않아도 되는 자유의 길이다.

예술 언어의 길

지성과 이성의 언어로 말할 수 있는 것을 음악이나 미술 언어로 말할 필요가 없다. 춤이나 영상 언어로 말할 필요도 없다.

지성과 이성의 언어로 충분히 말할 수 있는 내용을 예술 언어로 표현하고자 함으로써 오히려 예술을 죽이는 사례가 자주 일어나고 있다. 예술을 기술 정도로만 생각하고, 예술과 장난을 혼동하고, 예술과 장식, 예술 작품과 상품을 혼동하기 때문이다.

예술 언어를 필요로 하는 내용에는 물론 지성과 이성으로 설명하고 이해할 수 있는 부분이 있다. 하지만 그것으로 그치는 것이 아니다. 정서적 내용이 있고, 영성적 내용이 있는 것이다. 지성과 이성의 언어만으로는 표현될 수 없는 내용이다.

지성과 이성의 언어는 일상 언어에서의 산문으로 이해하면 된다. 그런 일상 언어가 시詩의 언어로 선택될 때 그것은 이미 지성과 이성의 언어를 넘어선 예술 언어가 된다. 정서를 표현해 주어야 하고, 영성을 표현해 주어야 하기 때문이다. 시 언어로 표현된 내용이 음악 언어로도 표현되고, 미술 언어로도 표현되고, 영상 언어로도 표현되고, 춤의 언어로도 표현되는 것은 그런 정서와 영성적 내용 때문이다.

붓다는 지성과 이성의 언어가 어디에서 멈추어야 할 것인지를 잘 알고 있었다. 지성과 이성의 언어로는 표현될 수 없는, 정서와 영성의 체험을 무리하게 지성과 이성의 언어로 설명하고 이해하려고 함으로써 오히려 무명無明에 빠질 수 있음을 경계했다. 예술 언어로 표현되어야 할 상황이지만, 적절한 예술 언어적 표현이 가능하지 않을 수 있다는 것이다. 그럴 때는 차라리 침묵을 지키는 것이 낫다는 것이다. 언어적 소통은 불가능하거나 미흡할지라도 저마다 자기 나름의 정서적 체험 또는 영성적 체험은 가능할 수 있기 때문이다.

붓다가 가르쳐 준 진리의 길은 분명 지성과 이성의 언

어만으로는 정진할 수 없는 길이다. 그런데도 지성과 이성의 언어만으로 그 길을 충분히 안내할 수 있다고 빙자하는 사람들이 있어서 참 붓다를 죽이고 있다.

붓다의 길을 밝히고자 하는 사람이면, 먼저 지성과 이성의 언어가 갖는 한계성에 대해 정확히 이해해야 한다. 더불어, 정서와 영성의 언어라고 할 예술 언어의 길에서도 붓다를 만날 수 있도록, 붓다를 더 가깝게 만날 수 있도록 안내할 수 있어야 한다.

저승길

어떤 사람이 죽어서 저승길에 오르게 되었다. 정신을 차리고 앞을 보니 갈림길이 나왔다. 한쪽 길에는 '천당 가는 길'이라고 크게 쓴 표지판이 있었고, 다른 쪽 길에는 아무런 표시도 없었다.

그는 천당 가는 길을 택하여 한참을 가서 '천당의 문'에 이르렀다. 문을 열고 들어서는 순간 요란한 소리에 놀랐다. 노래하는 사람들, 큰 소리로 기도하는 사람들, 춤추며 노래하는 사람들로 가득 찬 방이었다.

함께 춤도 추고, 노래도 하고, 기도도 했는데 그 곳 사람들은 그칠 줄 모르고 밤낮 계속하는 것이었다. 어떻게 그럴 수 있느냐고 옆 사람에게 물었더니 밥을 먹지도 않고 잠을 자지도 않지만 힘이 계속 나기 때문에 노래하고 춤추고 기도하는 일을 멈출 수가 없다는 것이었다. 그러면서도 모두들 행복한 표정이었다.

혹시 힘이 빠지고 지치거나 마음이 없어져서 춤추고 기도하고 노래하는 것을 계속할 수 없게 되면 어떻게 되느냐고 물어 보았다. 그런 사람은 아래쪽에 있는 문으로 나가면 된다고 했다. 그 아래쪽 문으로 가 보았다. '지옥의 문'이라고 쓰여 있었다. 어떻게 이런 선택을 하게 하는가 생각해 보았다. 사람들이 그칠 줄 모르고 노래하며 춤추고 기도하는 까닭을 알 수 있을 것 같았다. 지옥이 무섭기 때문이리라고 그는 생각했다.

지옥에 대한 두려움 때문에 몇 번을 망설이던 끝에 그들과 함께 춤도 추고, 노래도 하고, 기도도 해 보았지만 더는 버틸 수가 없었다. 마음이 이미 그 곳을 떠나 버린 뒤라서 그런지 몸이 더 쉽게 지쳐 버리는 것 같았다.

지옥의 문을 열고 그 곳을 빠져나왔다. 지옥에 대한 두려움으로 마음이 까맣게 타 버린 느낌이었다. 지옥의 길을 한참 헤매고 다녔다 싶었을 때, 정신을 차리고 보니 저승길 첫머리에서 마주쳤던 그 갈림길에 와 있었다.

천당 가는 길이 아닌 다른 쪽 길로 들어섰다. 큰 문 앞까지 왔는데 역시 아무런 표시가 없었다. 문을 열고 들어

서니 사람들이 모두 명상을 하고 있었다. 숨소리마저 죽인 듯 조용했다.

빈 자리를 찾아서 명상을 시작했는데 집중이 되지 않았다. 생각이 복잡하여 흐트러진 마음이 좀처럼 잡히지 않았다. 옆의 사람에게 조용히 물었다. 마음이 집중되지 않아 명상을 계속할 수 없는 사람은 어떻게 해야 하느냐고 물었다. 저 아래쪽에 있는 저 문으로 나가면 된다고 했다.

그 문에는 '윤회의 문'이라고 쓰여 있었다. 세상으로 돌아갈 수 있는 문인 것이다. 그렇지 않아도 죽기 전에 하던 일을 끝내지 못한 것이 마음에 걸리던 참이었다. 인사를 못하고 떠나온 사람들에게 미안한 마음도 그대로 있었다.

윤회의 문을 열고 세상으로 돌아왔다. 그런데 자기가 하던 일은 다른 사람이 맡아서 잘 해내고 있었다. 인사를 하려고 이 사람 저 사람을 찾아서 만났는데 모두들 왜 돌아왔느냐고 반문했다. 반가워하는 사람은 없는 것 같았다. 떠난 사람의 자리가 이런 것이구나 하고 생각했다. 그것은 이미 존재하지 않는 자리였다.

다시 저승길로 돌아와 그 명상의 방을 찾았다. 마음이 가벼워진 느낌이었다. 명상에 집중할 수 있을 것 같았다.

명상으로 가는 길이 어디까지인지 궁금해졌다. 조용히 옆의 사람에게 물어 보았다. 명상으로 정진하는 길은 무아無我의 경지에 이르게 한다는 것이었다. 무아의 경지에 이르게 되면 그 사람의 형체가 사라져 버린다고 했다. 그러고 보니 여기저기 빈자리가 보였다. 무아의 경지에 이르러 사라진 사람들이 있던 자리였다. 공空으로 돌아간 사람이 남긴 흔적의 공간空間이라고 생각했다.

큰마음

큰스님은 큰마음의 스승이다. 큰스님의 큰마음은 누구든 편안하게 해 준다. 어떤 마음이든 이해하고 받아 준다. 큰 자비의 마음이라고 한다. 마음의 아픔을 정확하게 파악하여 치유해 준다. 마음의 문제를 깊이 있게 이해하여 해결의 길을 열어 준다. 큰스님의 큰마음은 바다처럼 넓어서 어떤 정서의 마음이라도 수용할 수 있다. 큰스님의 큰마음은 바다처럼 깊어서 어떤 지성의 생각이라도 가장 깊은 데까지 헤아릴 수 있다.

큰스님은 큰마음에 이르는 길을 안내해 주는 스승이다. 더 넓은 정서의 길로, 더 깊은 이성의 길로 안내해 주는 스승이다. 큰스님은 스스로 그런 수행의 길을 멈추지 않고 정진하는 수도자이다. 정서의 논리로 넓어지는 마음과 이성의 논리로 깊어지는 마음이 붓다의 마음처럼 커지기를 희망하는 수행의 길이다.

하지만, 정서적으로 넓어지는 마음과 이성으로 깊어지는 마음이 함께 커 가지 않을 수도 있다. 정서적으로는 많은 것을 수용할 수 있는 큰스님이면서도 이성적으로는 깊은 사색을 하지 못할 수 있다. 정서적 논리로는 마음의 문제를 정확하게 볼 수 있으면서도 이성적 논리로는 깊은 생각에 미치지 못할 수가 있다. 이성의 논리가 약하기 때문이다. 이성의 논리로 깊이 있게 사색하는 수행을 하지 않아도 되었기 때문이다.

이성의 논리로 성장하기 위해서는 스스로 생각하면서 문제를 찾고, 그 문제에 대한 해답을 찾아야 한다. 논리의 힘으로 그 문제를 더 깊게 추구해야 한다. 그런 사색에서 스스로 얻은 해답을 경전에서의 해답과 비교해서 확인해야 한다. 붓다의 생각과 견주어 보면서 그 생각의 깊이를 가늠해야 하는 것이다. 그런데 처음부터 경전에 있는 생각으로 문제를 제기하고 해답을 말해 버리는 관습은 이성적 성장의 길을 막아 버린다. 여기 저기 경전의 생각을 인용하면서 횡설수설하거나 궤변을 늘어놓으면서도 그것을 의식하지 못하게 된다.

스스로 사색하는 이성적 마음을 깊게 하는 수행이 정서적으로 마음을 넓히는 수행 못지않게 중요하다. 그렇긴 하지만, 큰마음은 결코 이성적 마음만으로 이루어질 수 있는 것도 아니라는 인식 또한 중요하다.

수학이 큰마음을 만들지 못한다는 것은 누구나 알고 있다. 수학자들 중에서 자살자가 많이 나온다는 사실은, 이성의 논리조차도 제한하는 수학인 만큼, 정서의 논리는 사실상 마비시켜 버리는 수학의 한계를 보여 준다.

철학은 수학보다 넓고 깊은 사유의 세계를 허용하지만, 수학과 과학을 닮고자 하는 분석 철학은 수학과 비슷한 문제를 보인다. 분석 철학이 추구하는 엄밀성은 철학자의 마음을 옹졸하게 만든다. 분석 철학자들끼리도 서로를 수용하지 못하는 편협함을 드러내고 만다. 철학자로서는 큰 철학자가 될 수 있을지 모르나 결코 큰마음의 철학자라고는 할 수 없는 옹졸한 인간이 되기가 쉽다.

그렇지만 그런 분석 철학자들 가운데에서 큰마음의 철학자를 만날 수 있었다. 참으로 다행한 일이었다. 물론 분석 철학자로서도 큰 철학자로 존경받았을뿐더러 큰마음의 철학자로서도 존경받은 것이다. 그런 큰스승을 두 분이나 만났다. 한 분은 일요일마다 교회에서 그 모습을 볼 수 있던 독실한 기독교인이었으며, 다른 한 분은 예술에 심취해 있던 스승이었다. 그분의 철학 강의는 언제나 그 자체가 하나의 예술 작품이었다. 예술가의 연주나 연기와 같았다. 한 스승은 종교로, 또 한 스승은 예술로 정서적 마음을 메마르지 않게 지키고 키워 가는 분석 철학자들이었다. 그것이 그분들이 큰마음의 철학자가 되게 한 조건이었다.

분석 철학자이면서 큰마음의 철학자가 될 수 있음을 보여 준 두 스승은 귀한 존재였다. 어떤 철학이든 철학만으로 제한되어서는 안 된다는 것을 그분들은 보여 주었다. 큰마음으로 성숙하고자 하는 수행의 길을 생각한다면, 이성의 논리에만 치중하는 철학에 멈추어서는 안 된다는 것이다.

붓다는 수학의 천재였지만 수학의 한계를 알았다. 붓다는 수학을 포함하면서도 수학을 넘어서는 이성의 논리로써 깊은 생각에 이를 수 있는 사색의 길을 알고 있었다. 그러나 붓다는 우리의 마음이 이성의 논리만으로 제한되어 있지 않음을 터득하였다. 그리하여, 정서적 마음을 파악할 수 있는 정서의 논리로써 자신의 마음을 넓혀 가기로 했다. 마음의 정서적 수용 능력을 '무한히' 넓혀 가는 수행의 길을 열어 준 것이다. 그러면서 이성적 이해의 능력을 '무한히' 깊게 하는 사색을 멈추지 않을 것도 가르쳐 주었다. 정서의 논리도, 이성의 논리도 마음을 넓고 깊게 하는 방편일 뿐이라는 것을, 붓다는 스스로의 정진을 통해 보여 주었다. 방편의 한계가 마음의 정서와 이성을 제한하지 못하게 하는 수행의 길이 붓다의 길이다. 바다처럼 넓고, 바다처럼 깊은 큰마음을 지향하는 수행의 길이다.

수행론

1

인간이 불완전하다는 것과 그런 인간이 만들어 가는 세계 또한 불완전할 수밖에 없다는 것을 붓다는 알고 있었다. 그러면서도 인간의 불완전성과 인간 세계의 불완전성을 운명론으로 돌리지 않았다. 모든 것을 역사적으로 보면서, 역사의 변화를 연기적緣起的으로 보았기 때문이다. 연기적으로 보는 것은 인과적因果的으로 보는 것과 다르다. 인과의 논리는 연역 논리이며, 연역적 필연을 조건으로 한다. 그러나 연기의 논리는 연역 논리도 포함하면서 다양한 비연역 논리도 적용하는 인연을 조건으로 한다.

붓다는 불완전한 인간에게서 열려 있는 '무한한' 가능성을 보았으며, 불완전한 인간 세계의 역사가 가능하게 할 미래 세계를 볼 수 있었다. 하지만, 역사의 완성을 말하거나 인간의 완전한 성숙을 말하지는 않았다. 따라서 완전한 진리에 대한 믿음을 말하지도 않았으며, 영원한 생명에 대한 희망을 말하지도 않았다. 그런 믿음이나 희망은 모든 것이 역사적으로 존재하고 연기적으로 존재하는 인간 세상에서는 무의미하기 때문이다. 완전성이나 영원성은 우리 인간에게 존재론적 한계를 넘어서는 무의미한 개념으로 남아 있다는 것이다.

인간과 세계의 불완전성을 깊이 이해하고 정확하게 파악한 붓다가 중생을 위해 남겨 줄 수 있었던 것은 무엇이었을까? 그것은 역사적 가능성을 실현해 가는 수행의 길이었다. 그것은 붓다 자신이 선택한 길이었으며, 자신이 선택한 길을 보여 줌으로써 모든 중생이 그 길을 통한 가능성을 실현하게 하자는 것이었다. 가능성을 실현해 가는 수행의 길에서 진리를 발견하게 하고, 생명의 가치를 이해하게 하자는 것이었다. 완전한 진리가 아닌, 수행의 길에서 찾게 되는 진리를, 그리고 영원한 생명이 아닌, 수행의 길에서 얻게 되는 생명을, 모든 중생이 스스로 깨닫게 하는 길이었다.

2

인간의 불완전성이나 세계의 불완전성을 말할 때 우리는 기능적 불완전성과 구조적 불완전성 그리고 역사적 불완전성을 구별하여 논할 수 있다. 그러면서 기능이 구조에 미치는 영향, 구조가 역사에 미치는 영향과 함께 기능이 역사에 미치는 영향을 논할 수 있으며, 그 역으로 역사가 구조에 미치는 영향, 구조가 기능에 미치는 영향과 함께 역사가 기능에 미치는 영향을 논할 수 있다.

인간과 세계의 불완전성을 보는 또 한 가지 접근 방법은, 인간을 사회와 구별하면서 문화의 세계를 또다른 차원으로 구별하여 관련시켜 보는 것이다. 사회적 불완전성은 경제적, 정치적, 법적, 제도적 불완전성을 말한다. 빈곤과 착취와 부패와 억압의 원인이 되는 사회적 구조와 기능 및 역사적 유물을 말한다. 한편, 문화적 불완전성은 종교적 위선과 독단, 예술적 추악함과 저속함 및 철학적 궤변과 이념의 고착화를 말한다. 사회악을 정화시키는 정신력이 되어야 할 문화가 타락하여 오히려 사회악의 원인이 됨을 말하는 것이다.

이러한 사회적 불완전성과 문화적 불완전성에는 언제나 인간의 불완전성이 작용함은 말할 것도 없다. 따라서 우리는 다시 인간과 사회가 상호 작용하면서 서로 영향을 주고받는 것, 사회와 문화가 영향을 주고받는다는 것, 그리고 인간과 문화가 영향을 주고받는 것을 논할 수 있다.

인간과 사회와 문화의 불완전성을 숙명론으로 받아들이지 않고, 불완전성의 요인들을 제거할 수 있는 역사적 가능성을 전제하는 실천에 임할 때 우리는 인간, 사회, 문화 중에서 어느 것을 기본으로 선택할 것인지를 고려할 수 있다.

붓다의 선택은 인간을 우선으로 했다. 인간의 변화를 통하여 사회가 변하고 문화가 변하는 가능성을 모색했다. 그것은 인간의 불완전성에 조건이 되는 요인들을 제거하는 길, 즉 수행의 길이었다. 인간을 불완전하게 하는 조건으로부터 자유롭게 되는 해탈의 길이었다. 해탈을 위한 수행의 길이었다. 하지만, 그러한 해탈의 자유로써 멈출 수 있는 수행의 길은 아니었다. 사회와 문화의 불완전성에 대한 비판의 마음으로, 그런 불완전성에 희생되고 있는 사람들에 대한 자비의 마음으로 실천에 임하는 수행의 길이었다. 붓다가 선택하여 보여 준 수행의 길은 이처럼 해탈을 위한 수행과 실천을 위한 수행을 함께하는 중층적 수행의 길이었다.

3

우리 인간을 이해하는 데에 기본이 되는 것은 몸과 마음과 영혼이라는 3원적 요소의 구조로 이해하는 것이다. 몸은 시공간을 차지하면서 물리적 기능, 화학적 기능 및 생물적 기능을 한다. 마음과 영혼은 시공간을 차지하지 않으면서 기능적으로만 존재한다. 그러니까 몸과 마음과 영혼은 기능적으로 구별되는 3원적 구조의 요소들이다. 이들의 기능을 상대적으로 말할 때 몸의 특징적 기능은 정보 매체의 기능이 되며, 마음의 특징적 기능은 정보 처리의 기능이 된다. 영혼의 특징적 기능은 정보 수신의 기능이라고 할 수 있다.

몸으로 체험하지 않은 '우주적 정보'를 수신하는 것이 영혼의 정보 기능이기 때문에, 우리의 영혼은 몸을 떠나서도 존재하고 기능할 수 있는 것처럼 착각하게 한다. 영혼의 윤회를 믿게 하고, 영혼의 환생을 믿게 하는 것이다. 하지만, 몸의 기능 없이는 마음의 기능이 있을 수 없으며, 몸과 마음의 정보 기능 없이는 영혼의 기능이 있을 수 없다. 이처럼 몸을 떠난 영혼의 존재를 부정하면 영혼의 기능은 마음의 기능에 포함시켜 생각할 수도 있다. 그러나 영혼으로 수신되는 정보의 특수성을 중요시한다면 마음과 영혼의 정보 기능을 구별하는 것이 필요하고 유효하다. 종교에서의 계시적 영감이나 예술에서의 창조적 영감으로 오는 정보가 그런 특수성을 갖는 것이다. 그런 정보가 영감이라는 영혼의 공명으로 많은 사람들에게 전달되는 것도 그런 특수성 때문이라고 할 수 있다.

몸과 마음과 영혼을 정보 기능의 측면에서 구별하는 3원적 구조를 전제해 놓고 그들 사이의 기능적 관계를 살피면 인간의 불완전성이 왜 불가피한지를 이해할 수 있다.

몸이 마음을 부자유하게 하고 마음의 기능을 저해한다는 것은 누구나 이해할 수 있는 체험적 사실이다. 이러한 제한 조건으로 인한 마음의 부자유와 함께 마음 자체의 정보 처리 기능에서 드러나는 한계성은 영혼을 혼탁하게 한다. 영혼의 정보 수신 기능을 부자유하게 하는 것이다.

반면에, 마음이 자유로우면 몸이 긴장하지 않는다. 또한 영혼이 맑으면 영혼의 세계가 넓어지면서 마음이 풍요로워진다. 마음이 여유로워진다. 이처럼 몸과 마음과 영혼이 서로의 기능을 부자유하게 하는 제한 조건을 제거하거나 약화시킴으로써, 몸과 마음과 영혼이 상대적으로, 또 절대적으로 자유로워지게 하는 것이 수행의 과정이다. 해탈의 자유에 이르게 하는 수행의 과정이다.

수행으로 이루어지는 해탈의 자유는 몸과 마음과 영혼이 온전하게 기능할 수 있도록 하는 자유이다. 몸과 마음과 영혼이 자유자재로 기능하면서도 서로의 자유를 제한하지 않는 온전한 관계를 말한다. 하지만, 그런 온전성이 유지될 수 있는 조건을 생각해 보면, 해탈의 자유는 일시적인 체험의 경지일 수 있음을 이해하게 된다. 사람마다 몸과 마음과 영혼이 그 기능적 역량을 다르게 타고난다는 사실만으로도 온전성의 한계를 짐작할 수 있다. 어떤 사람은 몸의 기능을 강하게 타고나고, 어떤 사람은 마음의 기능을 유능하게 타고나며, 어떤 사람은 영혼의 기능에서 남다른 영력을 타고난다. 상대적으로 약하게 타고난 몸의 기능이나, 마음의 기능 또는 영혼의 기능에서 문제는 일어날 수 있다. 따라서 그런 약한 부분의 기능을 보완하고 강화함으로써 기능적 온전성을 지켜 가고자 하는 수행은 계속 정진되어야 한다.

4

몸과 마음과 영혼이 온전하게 정보 기능을 할 수 있게 하는 해탈은 자유로움으로 체험되는 경지이면서 동시에 몸과 마음과 영혼의 정보 능력이나 인식 능력에서 새로운 힘을 얻게 하는 경지이기도 하다. 인간과 세상의 불완전성을 더 정확하게 볼 수 있는 능력을 얻게 된다는 것이다. 가령, 몸을 보면 그 사람의 마음을 읽을 수 있고, 마음을 읽으면 그 사람의 영혼을 볼 수 있다는 것은 누구나 체험을 통하여 확인할 수 있는 능력이다. 하지만, 몸을 보고 그 사람의 영혼을 볼 수 있는 능력은 누구에게나 가능한 것은 아니다. 몸과 마음의 관계, 마음과 영혼의 관계에서 추리하여 몸과 영혼의 관계를 파악할 수 있는 것도 아니다. 그것은 수행의 과정에서 수행을 통하여 이르게 되는 해탈의 자유에 수반되는 특수한 인식 능력으로 주어진다.

자비의 마음은 그런 인식 능력에서 우러나온다. 수행자에게는 그것이 도덕적 의무로서 실천하는 덩위가 아니라, 인식 능력에서 우러나오는 자비심으로 자연스럽게 실천하게 되는 또 하나의 수행인 것이다. 해탈의 자유를 위한 수행의 결과를 확인해 주고 자연스럽게 새로운 단계의 수행으로 연장시켜 주는 것이 자비의 실천이다.

이러한 자비의 실천은 일상 속에서 만나는 인연으로 시작된다. 오래 만나는 인연이든 잠시 만나는 인연이든 그 사람에게서 보이는 몸의 아픔, 마음의 괴로움, 영혼의 외로움에 대한 자비심으로 시작된다. 그 사람의 고통을 민감하게 느끼면서 도움의 방법을 판단하여 선택할 수 있게 될 때 자비를 실천하는 것이다. 자비심을 갖는 것만으로 실천이 되는 것은 물론 아니다. 도움의 방법에 대한 정확한 판단이 수반되어야 한다. 판단이 정확하지 않을 때에는 도움을 준다는 행위가 오히려 고통을 더하는 원인이 될 수도 있다. 예컨대, 전문적인 치료자의 도움을 받아야 할 상황임을 판단할 수 있는 신중함이 필요하다.

자비의 실천에서 또 한 가지 문제가 되는 것은 선과 악을 구별하여 판단하는 일이다. 개인의 행위가 사회적 문제로 확대되는 경우, 즉 다른 사람들에게 고통을 주는 악으로 판단되는 경우는 자비심의 대상이 될 수 없다. 악의 피해자가 고통을 받고 있는 상황이라면 그 악에 대하여 자비로울 수는 없다는 것이다. 물론 일상 속에서는 그런 선악의 판단이 모호할 수 있다. 선이 악으로 변할 수도, 악이 선으로 변할 수도 있다. 그럴수록 정확하게 판단할 수 있는 능력이 요청된다. 해탈의 자유가 수반하는 인식 능력은 그런 선악의 판단 능력을 포함한다.

수행으로서의 자비의 실천은 여기서 멈추지 않는다. 선악의 문제는 개인의 행위만이 그 원인이 되는 것이 아니라 사회적 구조와 기능 및 역사가 그 원인으로 작용할 수도 있다. 경제적 빈부 차이가 사회악으로 나타날 수 있다. 정치적 지배 구조가 사회악의 원인이 될 수 있다. 필요한 개혁에 저항하는 관습이 사회악을 방치할 수 있다. 이러한 사회악에 대한 자비의 실천은 피해 집단의 편에 선 실천 운동이 될 수밖에 없다. 수도자들이 저항하는 시민들과 함께 거리로 나와야 하는 상황을 말한다.

구조적 변화, 체제적 변화, 또는 이념적 변화를 지향하는 실천에 참여하는 수행자들에게 요청되는 것은 지혜이다. 우선 전략을 위한 지혜가 필요하다. 저항의 표현만으로도 실천이 되는 예외적인 경우도 있을 수 있으나 사회적, 역사적 개혁이나 변혁을 뜻하는 실천에는 대개의 경우 전략이 문제가 된다. 수행자의 특별한 능력은 이런 전략의 문제에서도 그 힘을 발휘할 수 있다. 전략적 지혜, 즉 지략으로 그 힘을 보여 줄 수 있다. 그런데, 여기서도 수행자가 간과해서는 안 될 신중함의 문제가 있다. 전략의 문제는 방편의 문제이고 수단의 문제라는 한계성을 간과해서는 안 된다. 따라서 수단과 목적이 전도되는 과오를 범하지 않아야 한다.

자비의 실천은 행동 대열에 참여하는 실천으로 다하게 되는 것도 아니다. 가장 어려운 실천으로 남아 있는 것은 역시 문화의 세계에 대한 실천이다. 종교가 아편이 되어 수많은 사람들에게 피해를 입히는 것을 비판해야 한다. 예술이 장난이 되고 상품이 되어 감동을 죽이고 영혼을 메마르게 하는 것을 비판해야 한다. 철학이 궤변을 일삼고 관념에 빠져 버리면서 혼탁해지는 영혼에 무관심하게 되는 것을 비판해야 한다. 게다가 지금처럼 과학을 과신하여 과학이 종교나 철학을 대신할 수 있다고 착각하는, 과학의 미신화에 대해서도 비판해야 한다. 과학에 대한 오해는 수많은 사람들을 무명無明의 늪에 빠져서 허우적거리게 하기 때문이다.

인간의 불완전성과 인간이 만들어 가는 세계의 불완전성은 역사와 문화의 발전과 함께 언제나 새로운 악을 만들어 낼 수 있다. 그러므로 실천으로서의 수행 또한 어느 단계에서 멈출 수가 없다. 이것이 수행의 정진은 계속되어야 하고 계승되어야 하는 이유이다. 붓다가 내다본 가능성이었으며, 붓다가 보여 주고자 한 수행의 길이었다.

3부
기독교와 불교

원수를 사랑하고, 이교도를 저주한다

아직도 원수는 사랑하면서 이교도는 저주하는 기독교인이 있다. 기독교를 믿지 않고 다른 종교를 믿는 것이 저주받을 죄라고 생각하는 사람이 있다. 그런 사람이 유대교에 대해서는 반감을 갖지 않는 것이 이상하다. 예수를 십자가에 못박은 유대인들이며, 예수가 메시아라는 것을 인정한 적이 없는 유대교인데, 유대교에 대해서는 저주를 말하지 않는 것이 이상하다. 아마 유대교의 하느님과 기독교의 하느님이 같다고 생각하기 때문일 것이다. 창조주 하느님이고, 역사를 주관하는 하느님, 세상을 심판하는 하느님이면서 또한 구원해 줄 하느님이라는 믿음이 같다고 생각해서일 것이다. 그런 하느님이 유대 민족을 특별히 선택하여 역사에서의 하느님의 뜻을 수행하게 했듯이,

기독교인도 하느님이 특별히 선택한 사람이라는 믿음이 그렇게 생각하게 했을 것이다. 예수를 믿으면 천당을 가고, 예수를 믿지 않으면 지옥을 간다고 하면서도 유대교를 믿는 유대인들이 지옥을 간다고는 말하지 않는다.

유대교의 하느님에 대하여 철학적 비판을 한 사람은 스피노자였다. 유대교 안에서 성장한 스피노자였으므로 그에게 유대교는 익숙한 반면에, 강요된 신관이었다. 스피노자가 제기한 철학적 비판은 지금까지도 유효한, 결정적 비판이다. 순수한 정신으로서 물질 세계와는 독립하여 존재한다는 하느님이 도대체 어떤 방법으로 물질 세계에 영향을 줄 수 있느냐는 것이다. 하느님의 말씀이 천지 만물을 창조했다는 것이 옳다면, 하느님의 말씀이 그런 영향력을 갖는 힘으로 작용해야 하는데, 그런 힘의 작용을 가능하게 하는 매체가 무엇이냐는 것이다. 정보 기능을 뜻하는 말씀의 힘이 필요로 하는 정보 매체가 있어야 한다는 것이다.

창조주와 피조물의 관계를 설명할 수 없다는 스피노자의 비판은 심판자 하느님의 기능에도 그대로 적용될 수 있다. 하느님이 직접 인간 세상에 관여하여 지시하고 심판하고 구원해 준다는 생각을 설명할 길이 없다는 뜻이

다. 그런 하느님이 유대 민족을 특별히 선택하여 세상을
지배하도록 했다는 것도 설명이 불가능하다. 유대인들이
저희 민족의 하느님을 그렇게 믿었다는 역사적 설명밖에
는 가능하지 않다.

　스피노자는 그런 유대교의 하느님을 철학적으로 비판
했기 때문에 유대교와 유대인 사회로부터 철저하게 추방
당하는 저주를 받았다. 오늘날 이교도를 저주하는 기독교
인들도 스피노자를 저주했던 유대교의 종교적 독선을 그
대로 따르고 있다. 아직도 이교도들을 기독교도로 개종시
키기 위한 목적으로 봉사 활동을 하는 기독교인들이 있
다. 아직도 이교도 국가에 대한 전쟁을 십자군 전쟁으로
착각하는 기독교인들이 있다.

사랑의 실천으로 하느님을 찾는다

　기독교의 하느님은 유대교의 하느님을 그대로 받아들
인 것으로 믿는 사람들이 많다. 유대교를 바탕으로 한 문
화 풍토에서 기독교가 탄생했기 때문이다. 하지만, 과연
예수가 가르친 하느님이 유대교 하느님과 같을까? 하느

님이 직접 지시해 주었다고 믿었던 계명과 율법에 대하여 사랑의 실천으로 그 모든 것을 대신할 수 있다고 가르친 예수의 하느님은 과연 어떤 하느님이었던가? 유대 민족을 특별히 선택했다는 믿음에 대해서도 모든 세상, 모든 사람을 똑같이 사랑으로 보살펴 주시는 하느님이라는 보편주의를 가르친 예수의 신관은 어떤 것이었던가?

기독교의 하느님에 대하여 철학적으로 비판한 사람은 니체였다. 기독교 목사가 되려고 한 니체였으나, 하느님이 인간 역사의 심판자가 되고 구원자가 된다는 것을 받아들일 수 없었다. 역사를 주관하는 하느님이 존재한다는 것을 그는 믿을 수 없었다. 인간의 역사가 그런 하느님의 존재를 부정하고 있음을 인정하지 않을 수 없었던 것이다. 그리하여 니체는 기독교에서 말하는 그런 하느님은 죽었다고 선언하였다.

아마 니체는 우리 인간이 하느님의 형상을 닮은 피조물이라는 믿음도 받아들일 수 없다고 생각했을 것이다. 하느님에게 그런 형상이 있다면, 하느님이 전지전능하다든지 무소부재하다는 말을 할 수가 없다. 형상이 있다는 것은 시공간적 위치를 가지고 있으며, 그래서 시공간적으로 제한되어 있음을 말한다. 그런 시공간적 제한을 가진 존재가 무소부재하거나 전지전능하다고 할 수는 없기 때문이다.

니체는 하느님의 형상을 닮았다고 자부하는 인간의 한계성을 보아서도 하느님의 형상에 대한 믿음을 부정하지 않을 수 없었을 것이다. 우리 인간이 등장하기 전에는 원숭이들이 스스로 하느님의 형상을 닮았다고 생각했을 것이다. 원숭이들이 그런 생각을 했다면 지금 우리 인간이 볼 때 그것은 웃기는 생각이라고 치부해 버릴 것이다. 그런데, 초인의 시대가 와서 우리 인간이 스스로 하느님의 형상을 닮았다고 하는 말을 듣는다면, 초인들은 우리 인간에게 웃기지 말라고 할 것이다. 니체는 그런 초인의 시대를 예상했다. 우리 인간의 한계성이 매우 분명하기 때문에 초인의 시대로 가는 진화의 역사가 불가피하다는 것이었다.

하느님에 대한 믿음은 이 세상이 존재하게 된 원인이나 이유에 대한 해답이다. 도대체 이 세상이 어떻게 존재하게 되었을까? 왜 존재하게 되었을까? 이런 질문을 의미 있게 물어 보도록 하는 것이 인간의 능력이다. 그러나 그런 질문에 대한 해답으로 제시되는 '하느님'에 대해서는 인간의 생각이 다양할 수밖에 없다는 것을 보여 준다. 인간의 능력이 미칠 수 있는 한계성을 말해 준다.

예수가 가르쳐 준 것은 유대교의 신관이 불완전하다는 지적이었다. 유대 민족의 하느님으로는 보편적 하느님이어야 하는 인류의 하느님이 될 수 없다는 것이었다. 그런 보편적 하느님이 어떤 하느님인지를 개념적으로 명확하게 설명해 주려고 한 것은 예수의 가르침이 아니었다. 우리 인간의 인식 능력이나 이해 능력이 그런 하느님의 개념화에는 미칠 수 없다는 사실을 예수는 잘 알고 있었던 것이다. 예수가 가르쳐 준 것은 사랑의 실천을 통하여 그런 하느님을 찾아가게 하는 길이었다.

이 세상이 존재하는 이유를 알게 되고, 이 세상 속에서 우리가 존재하게 된 이유를 알게 되는 방법으로서 사랑의 실천은 한 가지 유효한 방법이 된다는 것이 예수가 보여 준 길이었다. 십자가에 못박혀 죽는 길을 선택한 예수의 실천은 그런 사랑의 실천을 가르친 예수의 마지막 선택이었다. 십자가의 죽음을 선택하지 않았더라면, 예수의 가르침은 윤리적 교훈 정도로 그치고 말았을 것이다. 하느님을 찾아가게 하는 길, 또는 인간의 역사에서 하느님의 뜻을 찾을 수 있게 하는 종교적 의미를 수반하는 가르침이 될 수는 없었을 것이다.

이러한 예수의 가르침과 실천을 가장 잘 보여 준 분이 테레사 수녀였다. 하느님에 대한 정확한 개념화가 불가능하다는 것을 인정하면서도, 사랑의 실천으로 하느님을 찾아가는 길을 죽을 때까지 실천한 테레사 수녀였다. 지금 우리 주변에도 테레사 수녀와 같은 기독교인들이 많이 있다는 사실은 참으로 다행한 일이다. 하느님을 어떤 개념으로 어떻게 믿느냐를 문제시하는 종교인이 아니라, 사랑의 실천으로써 서로의 하느님을 찾아가면서 제각기 다른 하느님이지만 하느님의 이해를 깊게 하는 길을 보여 주기 때문이다.

자비심은 성숙한 사랑이다

원수를 사랑한다는 것은 결코 쉬운 일이 아니다. 원수에 대한 증오를 사랑으로 바꾸어야 하기 때문이다. 강한 증오의 감정을 그만큼 강한 사랑의 감정으로 바꾼다는 것은 쉬운 일이 아니다. 그러나 그런 감정의 변화가 가능하다는 것이며, 그런 변화의 가능성은 그 역으로의 변화도 가능하리라는 것을 함축한다. 사랑의 감정이 증오의 감정으로 바뀔 수도 있다는 것이다. 원수를 사랑할 수 있는 마음에서 이교도를 저주하는 마음이 나올 수 있다는 것을 말해 준다.

그러나 놀라운 것은 원수를 사랑할 수 있는 마음으로의 변화가 가능하다는 사실이다. 예수의 십자가가 그런 변화를 가능하게 하는 힘을 보여 주었다. 죄도 없이 십자가형을 당한 예수였지만, 아무 저항도 없이 그 십자가형을 받아들임으로써, 이 세상에 그처럼 억울하게 당할 수 있는 사람들이 있고 상황들이 있음을 보여 주었다. 그는 자신을 십자가에 못박은 사람들을 증오할 수도 있었으나 오히려 그들이 용서받을 수 있도록 빌어 주었다. 그들이 무지한 탓에 그런 일을 하게 된 것을 이해해 주었다. 죄를 짓는 사람들에게는 그 죄로부터 자유롭게 될 수 있는 길을 열어 주었으며, 그들의 죄로 인하여 죽음의 고통을 당해야 하는 사람들에게는 증오의 감정으로부터 자유롭게 될 수 있는 길을 열어 주었다.

예수의 십자가는 참회와 속죄의 체험을 가능하게 한다. 새로운 사람으로 거듭나는 체험을 가능하게 한다. 강렬한 감정의 변화를 체험할 수 있게 하는 힘을 가지고 있다.

감정을 바꾸고, 마음을 바꾸고, 사람을 바꾸고, 세상을 바꿀 수 있는 십자가의 힘을 믿게 되는 사람은 그 힘으로 온 세상을 바꿀 수 있으리라 생각하게 된다. 예수의 십자가를 믿고 받아들이기만 하면 모든 변화가 가능하리라는 생각을 하게 된다. 자기 자신이 그런 십자가의 힘을 믿고서, 그 십자가의 힘으로 세상을 변화시키는 일에 나설 수 있다는 생각을 하게 된다.

그러나 자기 자신에게 그런 힘이 주어졌다는 생각을 하는 순간 오만하게 될 수 있고 교만해질 수 있다. 독선자가 될 수 있고 위선자가 될 수도 있다. 마귀의 시험에 빠지는 어처구니없는 역행을 할 수도 있는 것이다. 사랑을 실천하는 자신의 행위에 걸림돌이 되는 사람을 증오하게 되고 저주하게 된다. 적그리스도라는 이름으로 저주하게 된다. 예수의 십자가를 말하면서도 사실은 마귀의 종이 되어 예수의 십자가를 무의미하게 만들어 버린다. 십자가를 지는 행위와는 반대되는 행위로써 예수의 십자가를 무색하게 만든다.

십자군 전쟁 운운하면서 기독교를 내세우는 선진국들이 약소국들을 착취하고 약탈해 온 현대 역사에 대하여 예수는 어떻게 말했을까? 마귀의 유혹에 넘어가게 된 것을 안타깝게 여겼을 것이다. 예수의 십자가를 내세우면서도 그들이 한 짓이 무엇인지를 모르기 때문이라고 불쌍하게 여겼을 것이다. 그러나 무지한 탓으로 마귀의 종이 된 그들임을 안타깝게 여길 수밖에 없는 예수는 그들이 지혜로 성숙해 가기를 빌었을 것이다.

강렬한 열정으로 남아 있는 사랑은 증오의 감정을 수반할 수 있다. 사랑에 눈이 먼다는 말은 종교적 신앙을 실천하는 데서도 가능하다. 그런 열정을 지혜로 대신하는 성숙을 통하여 눈을 뜨지 못하면 마귀의 유혹에 넘어갈 수 있다. 지혜의 눈은 마귀의 모습을 볼 수 있게 한다. 고통의 원인을 볼 수 있게 한다. 어두운 곳까지 볼 수 있게 하는 마음의 눈을 준다. 고통의 원인을 볼 수 있으면서, 또한 마귀의 시험에 빠지는 마음을 볼 수 있기 때문에 사랑의 마음은 자비의 마음으로 성숙하게 된다.

지혜와 이해를 바탕으로 하는 자비심에는 강렬한 감정이 수반되지 않는다. 자비심을 바탕으로 하는 사랑의 실천은 증오심을 수반할 수가 없다. 테레사 수녀의 실천이 그런 것이었다. 사랑의 실천으로 생애를 바친 테레사 수녀에게서 볼 수 있는 것은 깊은 자비심이다.

성령은 자비의 하느님이다

유대 민족을 특별히 선택하여 세상을 다스리게 한다는 하느님, 심판으로 세상의 악을 멸하고자 하는 하느님에 대하여, 예수는 다른 하느님을 분명히 가르쳐 주었다. 계율로 다스리는 하느님이 아니라, 사랑의 힘으로 세상의 악을 이겨 내게 하는 하느님을 가르쳐 주었다. 예수는 그러면서 십자가형을 선택함으로써 자신의 가르침을 실천으로 완성했다. 유대교의 하느님, 계율과 심판의 하느님만이 아닌 사랑의 하느님, 속죄의 하느님을 보여 주는 것이 예수의 소명이었다.

예수는 십자가형이 자신에게 닥쳐올 것을 알고 있었으리라. 십자가형을 선택함으로써 완성해야 할 가르침이라는 것을 알고 있었으리라. 예수가 염려한 것은 십자가형 자체가 아니었다. 그 자신을 따르던 제자들의 성숙함이었다. 사랑의 하느님을 새롭게 찾은 제자들 또한 사랑의 실천으로 십자가를 지게 되리라는 것은 짐작할 수 있었다. 그러나 사랑의 실천만으로는 하느님을 온전히 이해할 수 없음을 예수는 알고 있었다. 사랑의 열정이 증오의 열정으로 바뀔 수 있음도 알고 있었다. 마귀의 유혹에 빠지지 않을 수 있는 지혜가 필요하다고 생각했다. 영성적 인식으로 성숙해야 하는 새로운 길을 열어 주어야 한다는 것이었다.

예수는 자신이 떠난 뒤에도 성령의 힘으로 하느님을 찾는 길이 열려 있음을 가르쳐 주었다. 성령의 힘으로 영성적 성숙을 구하면서 어두운 세상에 빛이 되어 줄 것을 가르쳐 주었다. 영성적 마음으로, 영성적 눈으로 세상을 볼 수 있는 능력의 성숙함 말이다. 그것은 마음의 고통을 볼 수 있는 능력이며, 마음 속의 선과 악을 분별할 수 있는 능력이다. 영혼의 번뇌를 볼 수 있는 능력이며, 영혼의 고독, 영혼의 갈망을 보면서 자비할 수 있는 능력이다.

사랑의 실천과는 다르게 자비심에 이르는 길은 수행을 필요로 한다. 깨달음으로 성숙해 가는 과정을 요한다. 영성적 인식 능력으로 성숙해 가는 수행을 요한다. 수도자의 길을 필요로 한다. 한 번의 실천으로 끝나는 길이 아니라, 죽을 때까지 지켜야 하는 수행의 길, 수도자의 길을 말한다. 기독교에서는 그것이 성령의 도움을 받아 영성적으로 성숙해 가는 길이며, 불교에서는 붓다가 보여 준 깨달음으로 성숙해 가는 길이다.

기독교의 수도자들, 특히 가톨릭의 수도자들이 보여

주는 영성적 성숙과 불교의 수도자들이 보여 주는 영성적 성숙은 차별화가 필요 없다. 깊은 자비심으로 나타나는 실천에서도 차별화가 불가능하다. 입은 옷이 다르고, 수행의 의식이 다른 것은 역사적 우연으로 돌리면 된다.

성부의 하느님으로 시작한 기독교의 길도 역사의 우연이었다. 성부의 하느님으로 시작했기 때문에 성자의 하느님을 깨닫게 하는 역사가 필요했던 것이다. 십자가에 못 박히는 실천으로써 그런 성자의 하느님을 보여 주어야 했던 예수는 성령의 하느님을 맞이하는 길을 열어 주었다. 성령의 하느님을 통하여 비로소 만나게 될 또다른 종교의 길을 예수는 알고 있었을 것이다. 하나의 다른 종교만이 아니라 여러 개의 다른 종교들을 알고 있었을 것이다. 하느님을 찾아가는 종교의 길, 수도자의 길이 다양할 수 있다는 것을 예수는 알고 있었을 것이다. 그 다양한 수도자의 길들은, 마치 여러 갈래의 강줄기들이 하나의 바다로 모이듯이, 마침내 영성적 성숙의 단계에 이르게 되면 바다처럼 넓고 바다처럼 깊은 자비심으로 표현된다는 것을 예수는 알고 있었을 것이다.

4부

오리엔탈 코드

프롤로그

이 글은 본디 '동쪽에서 만난 기독교와 철학'이라는 제목으로 발표했던 것이다(「철학적 산문」 2006, 이화여대출판부). 예수가 열두살부터 서른살까지 고향을 떠나 있는 동안 인도나 중국에서 지냈을 것이라는 추측과, 부활한 뒤에도 동방의 어느 나라에 가서 여생을 보냈으리라는 추측을 바탕으로 쓴 글이다.

이 글은 꿈 이야기로 예수의 생애를 그려 본 것이다. 소설의 형식을 빌어 꿈 같은 이야기를 펼친 것일 뿐이니 사실성의 여부를 문제 삼을 글은 아니다. 다만, 그 대신, 성경의 예수 이야기에 꿈 같은 이야기 부분이 있을 수 있음을 함축적으로 의미한다.

종교에는 신화적인 내용이 포함되어 있다는 의미를 드러내는 것일 수도 있다. 종교적 신앙이 요구하는 것은 일상의 경험으로 충분히 설명될 수 있는 것이 아니다. 신비적인 내용이 포함될 수밖에 없다. 우리가 직접 경험할 수 없는 세상에까지 우리의 생각을 확장하여 이 세상에서 일어나는 일을 이해하고 설명할 것을 요구하는 것이 종교이기 때문이다.

그러나 종교는 미신이 아니다. 신화도 아니다. 이 세상에서 일어난 일들, 또 일어날 수 있는 일들을 근거로 하여 우리 인간이 경험할 수 있는 이 세상보다 더 넓고 더 높은 차원의 세계로까지 우리의 의식 세계를 확대하는 것이 종교이다. 종교적 체험의 초월적 의미를 말하는 것이다. 신비로운 체험, 성스러운 체험이라고 하는 종교적 체험의 세계를 열어 두어야 한다.

종교가 미신이 아니고 신화가 아니라는 사실은 중요하다. 어떤 종교도 미신으로 인식되거나 신화로 규정되는 것을 바라지 않는다. 그런데 무엇이 미신이며 무엇이 신화인지는 우리 인간이 경험하는 대상 세계가 어떤 것이냐에 따라서 결정된다. 그러니까 우리가 우리의 경험 세계를 어떻게 인식하느냐에 따라서 미신과 신화의 규정이 달라질 수 있다. 우리가 경험하는 대상 세계가 점점 더 복잡해지고 심오해지기 때문이다. 예전에는 미신이라든지 신화라고 규정해 버릴 수 없었던 세계관이 지금은 그렇게 인식될 수가 있다. 다시 말하면, 미신이나 신화는 현대 과학이 설명해 주는 세계관에 상대적일 수밖에 없다.

종교적 체험을 과학적으로 충분히 설명할 수는 없다. 그렇게 될 수 있다면 종교가 따로 존재할 이유가 없다. 또한 과학이 설명할 수 있는 대상 세계는 과학의 발전과 함께 확대되어 간다. 그러면서 과학이 설명할 수 없는 대상 세계를 조금씩 더 정확하게 인식할 수 있도록 해 준다. 과학적으로 설명할 수는 없는 세계로 남아 있지만, 과학이 미신이나 신화로 제쳐 놓지 않을 수 있는, 가능 세계로 남아 있는 종교적 체험의 세계가 있다.

이 글 '오리엔탈 코드'는 이천 년이라는 세월이 가져온 세계관의 변화를 근거로 하여, 예수의 이야기 중에서 더는 필요 없는 신화적 또는 미신적 내용을 제외시켜 본 것이다. 예수 이야기의 종교적 의미를 오히려 손상시키는 요인이 되어 버린 부분을 지워 버렸을 때 가능한 내용을 꿈의 이야기로 재구성해 보았다.

신강성으로 가는 길

중국 대륙의 동부에서 서부로 가는 길은 사람이 자연을 지배하는 곳에서 사람이 자연의 지배를 받는 곳으로 가는 길이다. 해가 뜨는 곳에서 해가 지는 곳으로 향하는 길이며, 문명의 혜택을 먼저 받는 곳에서 늦게 받는 곳으로 가는 길이다.

지금의 중동에서 번창했던 문명이 그리스로 가고, 그리스에서 로마로 가고, 로마에서 영국으로 가고, 영국에서 대서양을 건너 미국의 동부로 가고, 미국의 동부에서 미국의 서부로 가고, 미국의 서부에서 태평양을 건너 우리의 극동으로 오고 있다.

극동인 중국의 동부에서 중동에 인접한 중국의 서부로

가는 것은 역사의 과거를 찾아가는 것이다. 그러나 해가 지는 쪽으로 문명이 이동해 간다면 그 곳은 역사의 미래가 되기도 한다. 모든 것이 사막화되어 버릴 미래를 보여 주는 곳이다.

차창 밖의 풍경이 단조로워지고 덜컹거리는 기차 소리가 익숙해지면서 시간이 점점 느려지는 기분이었다. 몽롱해졌다. 아득히 먼 곳으로 끌려가는 나의 몸이 점점 작아졌다. 마침내 한 점으로 축소되어 버렸다.

나 자신으로 다시 돌아왔을 때 나는 열심히 강의를 하고 있었다. 유럽의 기독교는 쇠퇴한 것인가? 성숙한 것인가? 기독교는 새로운 문화적 토양을 필요로 하는가? 그리스 철학과 접목되어 서양의 역사를 지배해 온 기독교가 이제는 새로운 철학과의 접목을 기다리고 있는가? 종교도 생명을 지속하기 위해서는 거듭나야 하는가? 문화적 토양이 되어 줄 철학을 바꾸어야 하는가?

기독교의 새로운 문화적 토양이 될 철학은 동양 철학인가? 그렇다면 동양 철학과의 접목은 기독교의 모습을 어떻게 변화시킬 것인가? 특히 그리스 철학의 초월주의와 동양 철학의 내재주의를 기독교는 정합할 수 있을 것인가? 초월주의와 내재주의가 종합적으로 지양될 수 있는 길은 없을까?

2차원의 평면에서 사는 평면족과 3차원의 입체 세계에서 사는 입체족, 그리고 시간-공간의 연속을 뜻하는 4차원의 세계에서 사는 시공족의 이야기로 강의는 계속 이어졌다.

어느 날 평면족의 철학자들이 두 집단으로 나뉘어 논쟁을 했다. 우주의 역사는 동쪽에서 시작되었다는 '동원설'과 서쪽에서 시작되었다는 '서원설'의 대립이었다. 모든 것이 동쪽에서 서쪽으로 움직이고 있다는 사실이 동원설의 근거였다. 그러나 서원설을 주장하는 철학자들은 본래 모든 것이 서쪽에서 시작되었지만 동쪽 끝까지 갔다가 지금은 서쪽으로 돌아가는 과정이라고 반박했다. 그러자 동원설을 주장하는 철학자들도 반복설은 받아들이면서 그래도 최초의 시작은 동쪽이었다고 논박했다.

동원설과 서원설의 논쟁이 열기를 더해 가고 있을 즈음 자신을 입체족이라고 소개한 철학자가 나타났다. 입체족 철학자의 말은 우주가 둥근 입체로 되어 있다는 것이었다. 동쪽 끝은 서쪽 끝이 되며, 동쪽과 서쪽은 방향이 다를 뿐 서로 만나게 되어 있다는 설명이었다. 그러나 입체족 철학자의 주장은 평면족들에게는 무의미한 궤변이었다. 평면족의 언어 질서를 파괴하는 말이었다. 동쪽은 동쪽이고 서쪽은 서쪽이다. 이것이 기본적이고 본질적인 구별이다. 이러한 구별을 혼동하면 언어적 의사 소통이 혼란스러워진다.

동원설과 서원설로 나뉘어 다투던 평면족 철학자들은 입체족이라고 하는 그 이방인을 추방하기로 합의했다. 평면족의 언어 질서를 파괴하는 위험 인물이라고 판단했다. 언어 질서가 지켜지지 않으면 어떠한 진리도 보장될 수 없기 때문이었다.

한편, 입체족 사회에서는 초월주의와 내재주의의 대립으로 철학적 논쟁이 벌어졌다. 초월주의적 종교와 내재주의적 종교가 양 진영을 각각 지원하고 있었으므로 논쟁은 더욱 격렬해졌다. 서로에 대한 배타적 감정이 갈수록 심화되었다. 철학 사상은 합리적 논쟁으로 설복할 수 있었으나 종교적 신앙은 논쟁으로 변화시킬 수 있는 것이 아니었다. 그럴뿐더러, 한 개인이 어떤 이유로든 개종한다는 것은 관용할 수 있으나, 전체 교단의 신조를 포기하는 것은 불가능한 일이었다. 차라리 종교 전쟁으로 승패를 가리는 것이 낫다고 생각할 정도로 초월주의자와 내재주의자의 대립은 극한으로 치닫고 있었다.

입체족의 철학적 대립이 종교적 갈등으로 악화되어 갈 무렵 시공족이라고 자처하는 철학자가 나타났다.

시공족의 믿음에 따르면 우주에는 공간적 끝도 없고 시간적 시작과 끝도 없다는 것이다. 따라서 초월주의적 하느님을 공간적으로 우주의 바깥에 존재한다고 해서도 안 되며, 시간적으로 우주의 역사 이전부터 존재했다고 생각해서도 안 된다는 것이다.

마찬가지로, 공간적으로 제한된 우주 안에 내재주의적 하느님이 존재한다거나, 시간적으로 유한한 우주의 역사 속에 그런 하느님이 존재한다고 생각하는 것도 잘못이라는 것이다. 시간-공간의 연속을 의미하는 4차원적 언어로 말하자면 입체족의 초월주의나 내재주의는 무의미하기 때문에 서로 구별되거나 대립될 수도 없다고 했다.

초월주의적 종교와 내재주의적 종교를 다 같이 미숙한 종교로 매도하는 시공족 철학자를 입체족 종교인들은 용납할 수가 없었다. 시공족의 언어로 종교를 말하는 철학자는 모두 입체족의 사회에서 추방하기로 했다.

먼 훗날 시공족 사회에서 우주론 논쟁이 벌어지면 또

어떤 족속의 철학자가 나타나 참견을 하다가 추방당할 것인가? 하느님은 왜 이런 논쟁의 역사와 추방의 역사를 지켜보고만 계실까? 왜 진리는 이런 갈등과 대립을 통한 발전의 과정을 필요로 하는가? 진리가 우리를 자유롭게 해주리라는 것을 알면서도 왜 우리는 진리를 두려워하는가? 왜 진리를 말하는 사람이 추방되어야 하는가?

고고학이 발전하면서 기독교 신학자들 사이에는 진리를 두려워하는 마음이 생겼다. 혹시라도 예수의 무덤이 발굴되면 어떻게 할 것인가 하는 두려움이었다.

모래에 묻힌 시간

발굴 현장으로 가기 전 마지막 마을이었다. 나는 한 상점 앞에 아무렇게나 흩어져 있는 기이한 물건들에 정신을 빼앗긴 채 서 있었다. 진열된 상품이 아니라 그냥 모아 둔 물건이었다. 수천 년 동안 모래 속에 묻혀 있던 것들이었다. 모래에 묻힌 시간이 멈추어 버린 흔적들이었다.

갑자기 주위가 조용해졌다. 사람들이 웅성거리던 소리가 멈추었다. 함께 있던 일행이 사라졌다. 아무도 없었다.

바람이 일어 모래 먼지가 날리기 시작했다. 두려운 마음
으로 사방을 살피다가 뒤를 돌아보니 젊은 스님이 기다렸
다는 듯이 서 있었다.

"교수님, 잘 오셨습니다."

"나를 기다리고 있었나요?"

"큰스님께서 마중을 나가라고 하셨습니다."

"큰스님이라고요?"

"네, 곧 가서 뵙게 될 것입니다."

"어떻게 내가 올 것을 아셨지요?"

"상점 앞에 오면 교수님이 기다리고 계실 것이라고 하
셨습니다."

"우리 일행은 모두 어디로 갔지요?"

"다음 행선지로 모두 떠났습니다."

"나를 두고 떠났다구요? 스님이 계신 절은 얼마나 멀
지요?"

"동네 뒤로 보이는 저 언덕 너머에 있으니 금방 갈 수
있습니다."

젊은 스님은 벌써 저만치 앞서 가고 있었다. 부지런히
스님을 뒤따라 찾아간 절에 도착한 것은 해가 지평선에

걸릴 무렵이었다. 정오쯤에 그 마을을 떠났으니 빤히 바라보이던 거리가 그렇게 멀다는 것이 이상했다.

큰스님이 있는 절은 절벽에 굴을 파서 만든 것이었다. 밖에서 보기와 달리 안으로 들어설수록 넓은 공간들이 이리저리 연결되어 있었다. 거기에 절이 있다는 것을 미리 알고 찾아오지 않는 한 하찮은 동굴쯤으로 보고 지나쳐 버릴 것이 분명했다.

오래 기다렸던 사람을 만난 듯이 반갑게 맞아 주는 큰스님은 몇백 년을 모래 속에 묻혔다가 나온 사람 같았다. 살아 있는 미이라라고 할 만큼 나이를 추측할 수 없었다. 그런데도 얼굴만은 동안과 같은 생명력을 지니고 있었다. 맑은 눈빛에서 오는 인상일 수도 있었다. 어린아이와 같은 웃음 때문일 수도 있었다.

"예수의 무덤을 찾아오셨다고요?"

"서쪽에서 온 사람들의 미이라가 이 곳에서 발굴되었다는 보도에 관심을 갖게 되었습니다."

"수천 년 전부터 여기는 서방 사람들이 살고 있었다고 하지만 예수의 무덤은 찾을 수 없어요."

"찾을 수 없다니요? 예수의 무덤이 있긴 있다는 뜻입니까?"

"저 넓은 사막의 어디엔가 있겠지요."

"어떻게?"

"어떻게 그걸 자신하느냐고요?"

"네."

"그를 묻어 준 사람이 있었으니까요."

"누가?"

"예수의 제자 중 한 사람이던 '도마' 라는 사람이 바로 그 사람이지요."

"그것이 사실이라고 하더라도 그것은 이천 년 전의 일일 텐데요?"

"이 절의 역사는 이천 년을 훨씬 넘지요. 여기서 전해 내려오는 이야기에 따르면 그렇다는 것이지요."

"전설이라고 할지라도 그처럼 중요한 이야기가 왜 여태껏 세상에 알려지지 않았을까요?"

"'도마' 라는 사람이 그것을 세상에 알리지 말아 달라고 부탁을 했답니다."

"그렇다면 지금까지 지켜져 온 비밀을 왜 이제 와서 이야기하시는지?"

"그 사람의 부탁은 예수 탄생 이천 년이 될 때까지 절대 비밀로 해 달라는 것이었으니까요."

"금년이?"

"예. 금년이 서기 1996년인데 예수가 태어난 해는 기원전 4년이라고 하지 않습니까?"

"그렇군요. 하지만 예수의 제자 도마가 어떻게 여기까지?"

"여기서는 '도마의 예수 이야기' 라고 하지요."

'도마의 예수 이야기' 를 처음 전해 준 스님의 이야기는 이렇게 시작되었다.

모래 바람이 심하게 불던 어느 날 밤 스님은 예수가 동굴로 찾아오는 꿈을 꾸었다. 전에도 가끔 찾아온 적은 있었으나 꿈에 나타난 예수는 먼 곳으로 떠나게 되어 다시는 못 오게 될 것이라면서 인사를 하러 왔다고 했다. 꿈에서 깬 스님은 바깥에 누가 와 있는 것 같은 느낌이 들어 동굴 밖을 나가 보았다. 몸이 반쯤 모래에 묻혀 신음하는 사람이 있었다. 그러나 그는 스님의 꿈에 찾아온 예수가 아니라 예수의 제자 도마였다.

도마는 의심이 많은 사람이었다. 예수가 부활한 후 제자들에게 나타났을 때도 도마는 환상이 아님을 확인하고자 했다. 손에 있는 못 자국을 직접 만져 본 뒤에야 부활한 예수를 믿을 수 있었다. 예수의 승천에 대해서도 도마는 그대로 믿을 수가 없었다. 예수는 이 땅 어디엔가 살아 있을 것이라고 생각했다. 이미 예수의 부활과 승천 소문이 퍼져 있었으므로 아무도 찾아갈 수 없는 먼 곳으로 떠나 버렸으리라고 믿었다. 도마는 그 곳이 동방의 어느 나라일 것이라고 짐작했다.

예수가 홀로 나타나서 사람들을 가르치기 시작했을 때도 그에 관한 소문은 파다했다. 열두살쯤에 어디론가 떠났던 그가 삼십대 청년이 되어 돌아왔으므로 그 긴 세월 동안 어디서 무엇을 했느냐가 소문거리였다. 예수 자신이 일체 말을 하지 않는 것도 이상했다. 소문에는 그가 동방의 나라들을 돌아다녔다고 했다. 그가 태어났을 때 동방의 박사들이 찾아왔다는 사실도 무관하지 않은 것 같았다. 예수가 부활 뒤에 제자들이 그를 따라가겠다고 나섰을 때도 그가 가는 곳은 아무도 따라올 수 없는 낯선 곳이라고 했다. 로마나 서방의 어느 나라가 아님을 암시한 것이다. 서방이나 주변의 나라들은 로마의 권력 아래에 있었으므로 쉽게 왕래할 수 있었다. 그뿐만 아니라 그를 십자가에 못박아 죽게 한 것도 로마의 권력이었으니, 예수는 로마의 영역을 벗어나기로 했을 것이다. 부활의 소문은 로마를 다시 긴장하게 할 수도 있었기 때문이다.

도마는 예수를 찾으러 동쪽으로 나섰다. 먼저 소문에
서처럼 예수가 그 곳의 여러 나라들을 다녀갔다는 사실을
확인할 수 있었다. 그러나 그가 다시 돌아왔다는 곳은 없
었다.

고향으로 돌아온 도마는 예수를 만나는 꿈을 꾸고서 다
시 그를 찾아 나섰다. 예수를 기억하는 사람들이 있는 곳
을 따라서 점점 더 먼 곳까지 찾아갔다. 그러나 여전히 찾
아온 예수를 보았다는 사람은 아무 데도 없었다.

고향으로 돌아온 도마는 이상한 소문을 들었다. 예수
를 찾으러 간 사람이 또 있었다는 소문이었다. 마리아라
는 여인이었는데 벌써 여러 해 전에 예수를 찾아 동쪽으
로 떠났지만 소식이 없다는 이야기였다. 도마는 세 번째
길을 나섰다. 예수를 찾아간 여인을 기억하는 사람이 있
는지를 물어서 찾아갔다.

중국 땅에 접해 있는 작은 마을에서 마침내 예수와 마
리아의 소식을 듣게 되었다. 그 마을에서 만난 두 사람은
소문이 나기 시작하자 중국으로 넘어갔다는 소식이었다.
서방 사람들이 모여 산다는 어느 오지의 마을을 찾아 떠
났다는 이야기였다.

기적을 기다리는 사람들

　예수와 그의 가족을 찾은 도마는 놀라움과 기쁨으로 감정을 억제할 수가 없었다. 부활한 예수는 승천한 것이 아니라 이 땅 어느 곳에 살아 있다는 자신의 믿음을 확인하게 된 기쁨과 함께, 스승을 다시 만난 기쁨에 가슴이 벅찼다. 그러나 놀라운 것은 예수와 마리아 그리고 아기가 행복한 가정을 이루고 있다는 사실이었다. 도마를 놀라게 한 또 한 가지의 사실은, 사십대 중반의 장년인 예수가 칠십대 노인으로 보인다는 것이었다. 십자가와 부활이라는 엄청난 체험이 수십 년의 나이를 더해 준 것이라고 생각했다. 너무 수척해 있었고 기력이 없었다. 다행히 소년이 된 아기가 안팎의 힘든 일을 돕고 있었으며 예수를 보살펴 주는 마리아의 정성은 지극했다.

　늙어 가는 예수의 초라한 모습이 측은했지만 도마는 곧 심각한 문제에 부닥쳤다. 예수와의 대화도 긴장감을 갖기 시작했다.

　"선생님은 부활을 어떻게 보십니까?"

　"부활한 내가 이렇게 살아 있으니 입증된 것이 아닌

가? 지금도 내 손의 못 자국을 다시 확인하자는 뜻은 아
니겠지?"

"죽었다가 다시 살아나는 부활만을 의미하지 않는, 영
원한 삶으로서의 부활은 어떻게 생각하시는지요?"

"이 곳 동방 사람들도 영혼 불멸을 믿고 극락 세계를
믿지만 영원한 삶에 대해서는 잘 알 수 없다고 하는 것 같
네. 그들 중에는 영혼의 환생을 믿는 사람들도 있지만, 그
것은 영원한 삶이라고 할 수 없지? 같은 영혼과 같은 몸
이 영원히 함께 사는 것이 영원한 삶이라면 말일세."

"선생님, 고향 사람들은 부활한 몸이 그대로 영원한 삶
을 살 수 있다고 믿는 것 같습니다. 그것은 그들의 믿음이
기는 하지만……."

"……."

"그러니까 승천을 믿는 것입니다. 부활한 선생님이 그
몸 그대로 승천했다고 믿는다는 말입니다."

"그렇더라도 그들의 믿음을 내가 어떻게 할 수는 없는
것이 아닌가?"

"그들이 환상을 본 것이겠지요. 그러나 중요한 것은 그
것이 믿음으로 바뀌어 가고 있다는 사실입니다."

"그들에게는 그런 믿음이 필요하기 때문이겠지."

"그렇지요."

"이 곳 동방 사람들에게는 우리의 몸이 영원히 살아야 한다는 믿음 같은 것이 필요치 않은 것 같네."

"우리가 살아온 환경과 역사가 다르기 때문이겠지요. 우리는 기적을 믿는 민족이니까요. 기적 중에 제일 큰 기적은 우리의 몸이 부활하여 영원히 살 수 있게 되는 기적이고요."

"자연 환경이 너무 혹독했기 때문이겠지. 기적 같은 일이 일어나듯이 예기치 못한 재난이 일어나 생명을 앗아가는 환경과 역사였기 때문일 거야."

"문제는 앞으로도 그런 환경과 그런 역사 속에서 살아가야 한다는 데 있지요. 그러니까 기적을 믿는 그들을 탓할 수가 없다는 것입니다."

"결국은 그들도 성숙하게 될 텐데."

"부활과 승천의 기적을 믿지 않아도 되려면 얼마나 기다려야 할까요?"

"그것은 백 년, 이백 년 안에 변할 수 있는 일이 아니지. 환경이 바뀌고 문화권이 바뀐다는 뜻이므로 천 년, 이천 년은 잡아야겠지."

"넉넉히 잡아서 이천 년이라고 하면, 그 이천 년 동안

을 살아가기 위해 필요한 것이 부활과 승천을 믿는 믿음
입니다."

　예수는 도마의 마음을 읽을 수 있었다. 예수는 눈을 감
은 채 말이 없었다. 지친 듯한 그의 얼굴에는 역사의 무거
운 그림자가 드리워져 있었다. 십자가를 지는 역사적 행
위로써 자신의 임무는 끝난 것이 아닌가? 부활은 십자가
의 고통에 대한 대가가 아니었던가? 왜 그 엄청난 사건의
그림자까지 자신이 책임져야 한단 말인가? 왜 그 역사적
그림자를 위해 또 한 번 죽어야 한단 말인가? 덤으로 얻
은 여생을 조용히 살아갈 수 있는 기쁨마저 빼앗겨야 할
이유가 무엇인가? 그러나 이번에도 예수는 자신의 뜻대
로 될 일이 아니라는 것을 깊이 느끼고 있었다.

　마리아도 도마의 마음을 읽을 수 있었다. 적막이 흐르
는 한밤중에 마리아는 도마를 찾아와 조용히 간청했다.
마리아 자신은 예수를 따라갈 각오가 되어 있으나 아이만
은 살아남게 해 달라는 부탁이었다. 아이는 마리아가 예
수를 찾아왔을 때 이미 뱃속에 잉태하고 있었다고 고백했
다. 예수도 그 사실을 알고 있었다는 말을 덧붙였다. 도마
는 마리아의 말을 믿을 수도 믿지 않을 수도 없었다. 예수

에게 그 사실을 물어 본다는 것도 도움이 되지는 않을 것 같았다. 의심이 많은 도마의 결단은 미래의 가능성을 모두 배제해야 한다는 쪽으로 갈 수밖에 없었다. 예수의 부활과 승천을 부정할 수 있는 어떠한 흔적도 남겨서는 안 된다고 생각했다. 적어도 이천 년 동안은 묻혀 있을 모래 속으로 사라지게 해야 한다고 마음먹었다.

심한 열병을 앓고 난 도마는 악몽에 시달렸다. 밤마다 자신이 모래 속에 묻혀 질식해 가는 꿈을 꾸었다. 스스로 책임져야 할 자신의 운명을 말해 주는 꿈이라고 믿었다. 고향으로 돌아간 뒤의 자기 자신을 믿을 수가 없다는 생각이 들었다. 예수의 부활과 승천을 반증할 수 있는 마지막 증인이 될 수 있다는 자신이 두려워졌다. 고향으로 돌아갈 수 있는 자유가 허용될 수 없음을 깨달았다. 모든 것을 이 곳의 모래 속에 묻어 버려야 했다. 악몽에 시달린 도마는 극도로 쇠약해졌다. 너무 늦기 전에 모든 것을 스님한테 이야기하기로 했다. 스님과 스님의 후예들은 이천 년의 약속을 지킬 수 있으리라고 믿었다.

'도마의 예수 이야기'는 예수의 부활과 죽음 이야기에서 그의 탄생 이야기로 이어졌다.

어머니의 나라와 아버지의 나라

　예수를 따르는 사람들이 점점 늘어나자 유대교 지도자들은 그들의 혈통 문제를 은밀히 이야기하기 시작했다. 마리아의 아들이지만 요셉의 아들은 아니라는 말이 공공연하게 떠돌았지만 요셉이나 마리아가 이를 부정하지 않았다. 법적으로는 요셉의 아들이었지만 혈통을 중요시하는 유대 민족의 종족 의식으로는 그를 받아들일 수 없었다. 법적으로 요셉의 아들이라는 사실보다는 혈통으로 누구의 아들인지가 더 중요했다. 그러나 마리아는 끝내 입을 열지 않았다. 예수의 아버지가 누구라는 것은 마리아만이 알고 있는 비밀이었다.

　어린 예수의 총명함은 열두살 때에 예루살렘 성전에서 유대교의 지도자들과 토론을 벌였다는 데서도 드러났다. 그러나 유대교의 지도자들은 이 총명한 아이를 그들의 품 안으로 받아들이지 않았다. 마리아는 그것이 예수의 혈통 문제 때문이라고 생각했다. 마리아는 예수의 성장에 깊은 관심을 가졌지만, 요셉은 평범한 아이로 자라도 좋다는 정도로 특별한 관심을 보이지 않았다. 겨우 열두살의 어린 예수를 고향으로부터 떠나 보내 성장하게 한 것도 마리아의 결단이었다.

삼십대의 성년이 되어 돌아왔을 때도 마리아는 예수가 어디서 무엇을 하고 왔는지를 알고 있었다. 예수의 복음이 유대교의 가르침에 견주어 충격적이고 혁명적이며 이단시될 수 있으리라는 것도 마리아는 예상하고 있었다. 마리아는 그 모든 것이 하느님의 뜻이라고 받아들였다. 예수는 결코 유대교의 지도자가 될 수 없으며, 유대인의 왕이 될 수 없다는 것도 마리아는 처음부터 알고 있었다. 오히려 십자가에 못박히는 형을 당함으로써 하느님의 뜻을 실현하게 될 운명이라는 것도 마리아는 마음 속 깊이 새기고 있었다.

도마는 마리아의 비밀이 궁금했다. 마리아의 침묵이 위대하게 보였다. 부활한 예수를 찾아 나선 도마는 동방에서 예수를 기억하는 사람들에게 그의 이야기를 물었다. 동방 사람들이 알고 있는 예수의 탄생 이야기와 인연 이야기를 알아보기로 했다.

동방 사람들이 전하는 예수 이야기는 이러했다.

요셉과 정혼한 마리아는 한편 기쁘면서도 또 한편으로 이상한 구속감을 느꼈다. 말괄량이로 소문난 마리아였으니 더 그랬을 것이다. 밤마다 마리아는 억제할 수 없는 이상한 충동에 이끌려 마을 뒷산으로 올라갔다. 광활한 하늘의 별들을 쳐다보며 깊은 생각에 잠기곤 했다. 가슴이 후련해짐을 느낄 때까지 별들과 대화를 나누다가 집으로 돌아왔다.

별들이 유난히 빛나는 어느 날 그 곳을 지나가던 한 동방인이 마리아를 만났다. 로마와 아테네로 가던 동방의 박사였다. 잠시 휴식하면서 그는 마리아와 별 이야기를 나누었다.

동방 박사가 로마와 아테네 방문을 마치고 자기 나라로 돌아가는 길에 마리아는 다시 그를 만나 별 이야기를 나눌 수 있었다. 그 날 밤 마리아는 별똥별들이 화려하게 떨어져 내리는 하늘 아래서 동방 박사와 사랑을 맺었다. 억제할 수 없는 이상한 힘에 이끌려 두 사람의 사랑이 맺어졌다.

마리아가 잉태하게 된 것을 알게 된 요셉은 심각한 고민에 빠졌지만 마리아는 태연했다. 요셉은 마리아와 아기를 받아들이기로 했다. 그 때서야 마리아는 아기의 아버지가 동방박사라는 것을 요셉에게 말해 주었다. 요셉은 그 사실을 혼자서만 알고 있기로 결심했다.

아기 예수가 태어났을 때 그 동방박사는 두 명의 동방박사들과 함께 그의 탄생을 축하하러 왔다. 마리아는 그들 중에서 누가 아기의 아버지라는 것을 요셉에게 말해 주지 않았다. 아기의 아버지인 동방박사도 아기의 장래에 관한 말을 마리아에게만 해 주었다. 나중에 아기가 자라면 자기네 나라로 보내 달라는 부탁이었다.

어린 예수는 자라면서 아버지 요셉과 점점 멀어져 갔다. 요셉의 목수일에도 관심을 보이지 않았으며 서로 닮은 데가 없는 것도 문제가 되었다. 예수는 어릴 적부터 명상을 좋아하고 동네 어른들과 대담하기를 좋아했다. 열두 살 때 성전에서 있었던 토론은 마리아를 기쁘게 해 주었지만 앞으로의 일을 염려하게 했다. 마리아는 예수의 능력을 믿고 집에서 멀리 떠나보내기로 결심했다.

마리아는 예수에게 '아버지의 나라' 이야기를 해 주었다. 동방박사의 이야기를 해 주고 그의 나라로 찾아갈 것을 제안했다. 예수는 어머니의 제안을 받아들였다. '어머니의 나라'로 꼭 돌아오겠다는 약속을 하면서 어린 예수는 동방의 그 나라를 찾아갔다.

예수가 '아버지의 나라'를 찾아갔을 때 그 동방박사는 이미 세상을 떠나고 없었다. 그의 유족들은 예수의 사연을 듣고 반갑게 맞아 주었다. 얼마 동안 그들의 보살핌을 받은 예수는 수도원을 찾아가기로 했다. 이곳 저곳의 수도원을 찾아다니면서 예수는 그의 젊음을 '아버지의 나라'가 있는 동방에서 보내게 되었다.

'어머니의 나라'로 돌아간 예수가 어이없이 십자가형을 당했다가 기적적으로 부활하게 되자 마리아는 그를 '아버지의 나라'로 돌아가게 했다. '아버지의 나라'로 다시 돌아온 예수는 아무도 모르게 조용히 수도원에 묻혀 살기로 했으나 젊은 여인 마리아가 그를 찾아오면서 소문이 나기 시작했다. 예수와 마리아는 소문을 피해 더 깊숙이 중국 땅으로 가기로 했다.

젊은 여인 마리아가 예수를 찾아가게 된 것은 어머니 마리아의 청원 때문이었다. 다시는 볼 수 없는 아들을 대신 그이가 보살펴 주기를 간청한 어머니의 애달픈 심정 때문이었다.

예수의 이야기를 다 하고 난 도마는 오랜만에 깊은 잠에 빠졌다. 그 날은 이른 저녁부터 성난 모래 바람이 온 세상을 덮어 버릴 것처럼 요란하게 불어왔다. 도마는 그 요란한 바람 소리에도 깨어나지 않고 깊이 잠들어 있었다. 그러던 도마가 없어진 것을 스님들이 알게 된 때는 자정이 가까워진 시간이었다. 스님들은 바람이 잠자기를 기다릴 수밖에 없었다. 자정이 넘어서자 바람이 그치고 온 천지가 죽은 듯 잠잠해졌다. 스님들은 도마를 찾아 나섰다. 스님들이 발견한 도마는 얼굴만 모래 위로 내민 채 영원히 잠들어 있었다. 그러나 끝내 감지 못한 그의 두 눈은 쏟아져 내릴 것만 같은 별들을 헤아리는 듯 맑고 또렷했다. 생기가 도는 듯했다.

스님들은 도마의 소원대로 모래 속 깊은 곳에서 눈감게 해 주었다. 그의 시신조차도 이 끔찍한 사건의 증거가 되지 못하게 했다. 적어도 이천 년이란 시간이 모래 속에서 멈추어 있도록 했다.

십자가가 상징하는 것

큰스님은 부활과 승천에 관한 대화를 이끌어 갔다.

"예수의 기적을 믿는 사람들이 기독교를 만든 지 2,000년이 지난 지금까지도 부활과 승천의 기적을 기다리는 사람들이 있다지요?"

“예. 최근에도 몸이 그대로 하늘로 올라가 영원히 살 수 있다고 믿는 사람들이 한바탕 소동을 벌였지요.”

“예수의 부활과 승천을 기적으로 인정하더라도, 그 이후에는 한 번도 그런 기적이 되풀이되지 않았다는 사실을 알면서 어떻게 그런 신앙을 지켜 갈 수 있을까요?”

“아마, 그들은 그 기적의 가능성을 믿는 것이 아니라 그것의 필요성을 믿는다고 해야 할 것입니다.”

“무덤에서 썩어 버린 우리의 몸이 생명체로 다시 살아난다는 믿음은 제쳐 놓고서라도 지금 이 몸이 그대로 승천하여 영원히 살 수 있는 어떤 세계가 있을까요?”

“지금 이 생명체는 이 지구상의 조건과 같은 상태에서만 생존할 수 있다고 생각합니다. 생명체로서의 우리의 몸이 필요로 하는 생존 조건이 제한되어 있으니까 그럴 수밖에 없겠지요. 그러나 ‘몸’이라는 것을 넓은 의미로 일반화해서 이해하면 다른 차원의 다른 세계에서 존재할 수 있는 ‘몸’을 생각해 볼 수도 있습니다.”

“먹어야 살고 숨쉬어야 사는 이 몸과는 다른 몸이 있다는 말인가요?”

“먹는 것이나 숨쉬는 것도 일종의 정보 교환의 기능으로 볼 수 있습니다. 그리고 모든 개체는 정보 교환의 기능을 하는 구조물이라고 일반화할 수도 있습니다. 그런데 그것이 구조물 또는 구조체라는 측면으로 말하자면 '몸'이라고 할 수 있으며, 그것이 정보 교환의 기능을 한다는 측면으로 말하자면 '마음'이라고 할 수 있습니다. 그리고 교환되는 정보의 내용이라는 측면으로 말하자면 '언어'나 '정보'라고 할 수 있고요. 그러니까 이 세상에 존재하는 모든 것은 정보 교환의 기능을 하는 구조물이므로 몸과 마음과 언어의 측면을 가지고 있다는 뜻입니다. 그런 세 가지 측면에서 모든 것을 이해하고 설명하도록 해야 한다는 뜻이지요."

"그것 참 신기하군요. 우리 불교의 경전에도 그런 세 가지 측면으로 모든 존재하는 것을 보게 하는 말씀이 있거든요."

"진리가 바로 그런 것 아니겠습니까? 현대의 첨단 과학이라고 하는 정보 과학과 인지 과학이 가르쳐 주는 몸과 마음과 언어의 상호 관계에 관한 진리가 불교 경전에서 이미 언급되고 있었다는 것은 놀라운 일이 아니지요."

"그러면 그것이 몸의 부활과 승천을 어떻게 설명할 수 있다는 것인가요?"

"정보 기능을 하는 구조물을 몸이라고 할 때 그러한 구조물은 지금 우리의 몸과 같은 생명체에만 국한되는 것이 아닙니다. 우리의 몸과는 다른 원소들과 다른 구조로 된 구조물이 정보 기능을 할 수도 있습니다. 이 땅 위의 생명체들과는 다른 구조물이 되어 정보 기능을 할 수도 있다는 뜻입니다. 우리의 몸은 죽으면 썩어 버려야 하지만 우리의 정보 기능은 다른 차원의 어떤 구조물에 의해서 계속 수행될 수도 있다는 말입니다."

"영혼의 기능도 일종의 정보 교환 기능이겠지요?"

"그렇지요. 영혼과 마음을 구별하는 뜻도 그들의 정보 기능을 가능하게 하는 구조물이 서로 다를 수 있음을 암시한다고 생각됩니다. 순수한 영혼의 기능이 가능한 세계에는 지금의 우리 몸과 다른 구조물의 몸이 있으리라는 뜻입니다."

"그러나 그 영혼은 우리의 마음이 필요로 하는 우리의 몸을 통해서도 기능하고 있는 것이지요?"

"마음의 기능과 영혼의 기능은 그처럼 밀접하게 연결되어 있으면서도 서로 구별될 수 있는 것 같습니다."

"그렇다면, 불교의 환생 신앙도 설명될 수 있겠군요."

"영혼의 기능이나 마음의 기능을 가능하게 하는 몸으로서의 구조물은 다른 차원의 다른 성질의 구조물이 될 수 있으리라는 것은 하나의 가설입니다. 우리의 지금 이 몸이 그대로 승천하여 영원히 살 수 있다고 믿는 믿음을 대신하여, 새로운 차원의 새로운 몸을 가정해 보자는 뜻입니다. 이러한 가정으로 영혼 불멸이나 환생을 설명하고자 하거나 설명할 수 있다는 것은 아닙니다."

"종교적 신앙은 여전히 합리적으로 설명할 수 없는 신비스러운 영역을 남겨 두고 있다는 뜻이군요."

"그 신비스러운 영역이 합리적으로 볼 때 명백하게 잘못된 믿음을 갖게 해서는 안 된다는 뜻입니다. 우리의 몸이 지금의 상태 그대로 승천하여 더 늙지도 않고 영원히 살아갈 수 있으리라는 믿음은 불합리하다는 뜻입니다. 몸의 부활과 영생은 다른 차원의 몸으로 바뀌지 않으면 불가능하다는 것을 우선 말하자는 것입니다."

"부활과 승천의 기적을 믿는 것은 역사적인 기독교에 필요한 신조가 되었다고 할지는 모르겠으나 사실상 기독교 역사에 힘이 되어 온 것은 십자가의 사건 그 자체가 아닐까요? 예수의 십자가 이후의 기적보다는 십자가의 죽음 그 자체가 의미하는 바가 역사적 기독교를 지켜 준 힘이 아닐는지요?"

"예수가 십자가에 못박혀 죽은 것은 남을 위한 자기 희생과 원수까지도 용서한다는 적극적인 사랑의 실천이었습니다."

"십자가가 상징하는 것은 사랑을 실천하게 하는 강한 동기를 불어넣어 주는 것 같아요. 사랑을 실천한다는 강한 동기 때문에 행동의 결과가 나쁘게 나타나더라도 스스로를 탓하지 않을 수 있지요. 기독교가 서구 사회와 역사를 지배하고, 서구 사회가 세계를 정복할 수 있게 한 것은 십자가의 죽음이 상징하는 실천적 힘이었다는 뜻이지요."

"동양의 종교에는 십자가에서 피를 흘리는 예수의 상 같은 강한 상징성이 없는 것 같습니다. 적극적인 행동을 유발하기보다는 소극적인 자제력을 권유하는 것이 동양의 종교들이 갖는 공통점인 것 같습니다."

"예수의 십자가 사건은 삼십대의 젊은이로서 수행한 역사였지만, 석가모니 붓다의 가르침은 여든 노인이 되기까지 갈고 닦은 지혜였지요. 지혜는 사람을 차분하게 하면서 중용의 도를 선택하게 하는 반면, 적극적인 사랑의 실천은 시행착오를 일으키는 극단으로까지 나아가게 하지요."

"정체적인 동양의 풍토와 역동적인 서양의 풍토를 종

교적인 차원에서도 찾아볼 수 있다는 말씀입니다. 하지만 기독교 안에도 중용의 도를 선택하게 하는 가르침이 있고, 불교 안에도 적극적인 행위를 선택하게 하는 가르침이 있지 않습니까?"

"하나의 문화권을 그토록 오래 이끌어 온 종교니까 불교든 기독교든 소극적인 면과 적극적인 면을 다 가지고 있겠지요. 하지만 동양과 서양을 비교하고 불교와 기독교를 비교하면 서로의 상대적인 특성이 두드러지게 나타날 수밖에 없지요."

"서양 문명의 지배를 받아 온 동양이 서양의 기독교를 바라보는 눈이라고 해도 좋을 듯합니다. 오늘의 기독교가 그런 동양의 시각을 얼마나 수용할 수 있을는지요. 이천 년의 역사를 가진 기독교가 예수의 재림을 뜻할 만큼 새롭게 태어날 수 있을지, 성숙해질 수 있을지 우려됩니다."

하느님의 아들과 하느님의 역사

큰스님은 기독교의 역사관과 신관에 대한 대화를 계속하자고 했다. 불교만이 아니라 동양의 전통적 종교들이 모두 역사관이나 신관을 중요시하지 않거나 아예 관심을 두지 않는 것은 단점이라고 하는데 과연 그런 것이냐고 물었다.

"기독교의 신관과 역사관은 함께 묶어서 생각해야 할 것 같습니다. 역사를 주관하는 하느님이라는 믿음이 기독교 신관의 기본적인 의미이니까요. 인간의 역사에 목적을 부여하고, 의미를 주고, 그 발전 과정에 개입하는 하느님이라는 뜻입니다. 역사는 곧 하느님의 뜻이 실현되는 과정이며, 역사의 완성은 하느님의 뜻이 최종적으로 이루어지는 것을 뜻합니다. 기독교의 종말론이 가능한 것도 그러한 역사적 하느님에 대한 신앙 때문이지요."

"그러한 종교적 역사관 때문에 기독교는 적극적으로 역사에 참여할 수 있었던 것이겠지요? 역사를 지배하고자 하는 의지도 그런 데서 나오는 것이고."

"서구의 역사를 기독교가 지배한 것이나 세계의 역사를 기독교가 지배해야 한다고 하는 선교 의지가 그런 신관과 역사관에서 나온다고 생각합니다."

"그런데, 인류의 역사나 더 나아가서 우주의 역사를 주관하는 어떤 존재가 있다고 가정하더라도, 그런 존재의 뜻이 특정 종교나 특정 민족을 통하여 옳게 드러나고 있다는 것을 어떻게 알 수 있을까요?"

"하느님의 뜻을 누가 옳게 대행하느냐라는 문제를 말씀하시는데, 기독교는 그러한 주장을 유대교의 선민 신앙에서 물려받았다고 할 수 있습니다."

"유대교는 부족 종교로 시작한 민족 종교라서 선민 신앙이 필요했다고 할 수 있겠지만, 인류의 종교로 시작한 기독교가 선민 신앙을 계승하게 된 것은 이해가 가지 않는군요."

"기독교는 유대교의 뿌리에서 나온 것입니다. 기독교의 경전도 구약 성서와 신약 성서로 되어 있습니다. 이스라엘 민족의 종교를 통하여 여호와 하느님이 그 뜻을 실현하신 역사가 구약의 내용이며, 그 역사를 계승하여 새롭게 시작된 역사의 이야기가 신약의 내용입니다. 기독교가 이처럼 유대교의 전통을 계승한 것임을 밝히기 위하여 신약 성서에는 예수의 혈통이 자세하게 기록되어 있고, 구약의 예언서에서 약속한 메시아가 곧 예수라는 것을 여러 가지 근거로 입증하고 있는 것입니다."

"기독교가 유대교의 바탕 위에서 살아남기 위해서는 불가피한 일이었겠지요. 새롭게 시작하는 종교는 기성 종교와의 관계에서 그 정통성을 찾지 않으면 안 되니까요.

그러나 기독교는, 역사적 근원과 문화적 토양에 있어서
유대교의 뿌리에서 나왔지만, 그것의 종교적 복음에 있어
서는 유대교와 본질적으로 다르지 않은가요?"

"유대교의 민족 종교적 제한성을 벗어난 것이 우선 다
른 점이라고 하겠습니다. 예수가 가르쳐 준 기도문에서는
'여호와 하느님'이 아닌 '하늘에 계신 아버지 하느님'으
로 부르고 있습니다. 또한 하느님의 뜻이 유대 민족이나
특정 민족을 통해 이루어지는 것이 아니라 땅 위에서 이
루어지는 것을 기원하게 합니다. 온 세상에서, 모든 사람
에게 적용되는 하느님의 은혜와 축복을 말하고 있습니다.
그뿐만 아니라 자비와 용서를 실천하면서 하느님의 자비
와 용서를 구하게 하는 뜻은 유대교의 여호와 하느님과
인간의 관계에서 중요시되는 뜻과는 대조적입니다. 정의
와 심판으로 지배하는 여호와 하느님과 자비와 용서를 베
푸는 아버지 하느님은 같은 하느님이 아닙니다. 유대교가
선민 의식에 기초하고 있다면 기독교는 서민 의식에 기초
하고 있습니다. 지배 계층의 종교라기보다는 온유한 사람
들, 애통하는 사람들, 마음이 가난한 사람들, 핍박받는 사
람들의 종교가 기독교입니다."

"유대교의 입장에서 보면 예수의 복음은 혁명적인 것

이었겠군요."

"예수가 십자가에 못박히게 된 것도, 로마 권력에 대한 저항 때문이라기보다는, 유대교에 대한 개혁의 의지가 더 큰 죄로 인식되었기 때문이라고 생각합니다. 정치 권력보다는 종교적 권위에 도전하는 것이 더 큰 반역이 된다는 뜻이지요."

"그렇다면 기독교는 유대교와의 차이를 더 강조하는 편이 옳지 않을는지요? 그렇게 함으로써 참된 의미의 인류적 종교로 성숙해 가는 것이 바람직하지 않을까요? 기독교가 지금도 '유일한 하느님'과 '하느님의 유일한 아들'을 주장하는 것은 유대교의 유산인 것 같은데, 그런 것은 끊어 버려야 할 유대교의 '탯줄'이 아닐까요?"

"기독교가 배타적인 종교로 보이게 된 것은 유대교의 '유물'이 남아 있기 때문일 것입니다. '여호와 하느님'과 '아버지 하느님'이 다르게 인식된다면 유일한 하느님은 적어도 그 어느 한쪽에만 나타나는 하느님이라고 할 수는 없습니다. 그러나 그 하느님이 우리 인간의 역사와 문화를 통해서 나타날 때는 시대와 문화의 특성 또는 한계성에 따라서 여러 모습으로 나타날 수밖에 없을 것입니다. 역으로 말하자면 그런 여러 모습들이 서로 다르기는

하지만 하나의 '우주적 마음'을 드러내고자 하는 점에서
는 서로 같은 면을 보일 수도 있다는 뜻입니다."

"앞서 말한 바와 같이, 마음과 몸과 언어의 상호 관계
로 모든 사물을 볼 수 있다는 것이 그런 공통점이 아닐까
요."

"이 세상에 존재하는 것은 모두 정보 교환의 기능을 하
는 구조물이라고 했습니다. 교환되는 정보의 전체 내용을
'우주의 마음'이라고 할 수 있으며, 정보 교환의 매체가
되는 것을 개체적 구조물, 즉 개별적인 '몸'이라고 할 수
있습니다. 그리고 정보 기능을 하는 개체적 기능을 '마
음'이라고 할 수 있습니다. '영혼'도 이러한 개체적 정
보 기능을 하는 것으로 이해할 수 있겠지요. 이와 같은 3
원적 구조는 곧 기독교의 삼위일체 신관을 생각하게 합니
다. '아버지 하느님'은 '우주의 마음'이며, '하느님의
아들'은 사람의 몸으로 태어난 예수이고, '성령의 하느
님'은 마음이나 영혼에 영감이나 계시를 주는 기능이라
고 할 수 있습니다."

"불교에서는 '우주의 마음'이 '공'과 '법'이 되겠군
요. '우주의 마음'이 몸을 입은 인간으로 태어나서 석가
모니 붓다가 되었다고 해야겠고요. 그리고 '우주의 마

음'을 이해하는 것이 '깨달음'이며, 깨달은 마음이 '불심'이지요."

"참으로 놀라운 공통점이며 일치성입니다. '나는 길이요, 진리요, 생명이다'라고 한 예수의 말도 삼위일체와 관련시켜서 이해할 수 있을 겁니다. 이 경우 도가 사상의 기본 개념인 '도'와 '명名'과 '덕'으로 설명해 볼 수 있겠습니다. '길'은 그대로 '도'가 됩니다. 그것은 '우주의 마음'이지요. '진리'는 언어적으로 표현된 것이라고 할 때 '명'에 해당합니다. 계시나 깨달음으로 얻게 되는 것이지요. '생명'은 개체의 힘을 뜻하므로 '덕'의 개념으로 이해할 수 있습니다. 덕은 개인의 행위를 통하여 드러나는 것입니다. 생명의 힘은 그런 힘 중에서 특정한 차원에 속하는 것이지요."

"기독교의 삼위일체 신관이 이처럼 보편적인 구조로 이해될 수 있다면 배타적인 종교가 되어야 할 이유가 없는 것 같은데요?"

"기독교의 배타성은 유대교의 선민 의식이 그대로 남아 있기 때문에 나타나는 것입니다. 예수는 이방인에 대하여 배타적이지 않았습니다. 성숙한 기독교가 되려면 먼저 이 선민 의식의 배타성을 극복해야 할 것입니다."

"기독교의 의타성도 문제가 되지 않는지요? 하느님의 대행자라는 의식이 오히려 독선적인 태도를 조장하는 것은 아닐까요?"

"'하느님의 뜻'을 말하기 전에 스스로의 선택과 행위에 대하여 철저하게 책임지는 사람이 되어야겠지요. 전체적인 역사로 말하자면 사람은 누구나 하느님의 대행자가 될 수밖에 없으나 역사 속에서의 구체적인 상황에서는 행위자로서 행동하고 책임지는 개인이 되어야 할 것입니다. 대행자적 의타성을 극복할 수 있어야만 성숙한 기독교인이 될 수 있을 것입니다."

"모든 종교가 진리를 말하면서, 진리가 우리를 자유롭게 해 주리라는 것을 가르치지만, 또 한편으로는 모든 종교가 진리를 두려워하는 것도 사실이 아닐까요?"

"종교가 가지고 있는 교리와 신조가 인간의 언어로 표현되어 있기 때문일 것입니다. 우리 인간은 '입체족'의 의식 구조와 언어 질서를 쉽게 버릴 수 없습니다. 종교적 진리도 그런 의식 구조와 언어 질서로 표현될 수밖에 없습니다. 그러나 진리는 언제나 다른 차원의 의식 구조와 언어 질서로 표현될 수 있으며, 진리의 탐구는 그런 뜻에서 개방적이기를 요청합니다. 종교적 이유든, 과학적 이유든, 혹은 철학적 이유든 진리를 두려워하는 것은 '종족적' 폐쇄성을 드러내는 것입니다. 기독교가 성숙하려면 '종족적' 폐쇄성을 극복할 수 있어야 합니다."

"그렇게 성숙된 기독교라면 우리 동양의 종교를 수용하면서 서로에게 도움을 주는 관계를 맺을 수 있겠군요. 지금은 그런 종교적 성숙을 기대해 볼 수 있는 때가 아닐까요?"

"큰스님과 이런 대화를 나누고 보니 그런 가능성에 대하여 더 희망적으로 되는 것 같습니다."

대화가 여기서 끝나자 큰스님께 인사를 하고 일어서다가 생각이 나서 여쭈어 보았다.

"제가 어떻게 이 곳에 초청을 받게 되었습니까?"

"오늘과 같은 대화를 나눌 수 있는 분이기 때문이죠."

어떻게 그것을 알게 되었느냐고 물어 보고 싶었으나, 큰스님에게는 그런 따위의 질문을 하지 않아야 한다는 생각이 들어서 그것을 물어 보지 않았다. 또한 큰스님이 뭐라고 대답한다고 해도 내가 그것을 이해할 수 없으리라는 생각도 들었다.

감사의 인사를 하고 돌아서는데 어디로 어떻게 돌아가

야 하는지를 물어 봐야 한다는 생각이 들어 다시 돌아섰
다. 스님도 없고 절도 사라져 버렸다. 덜커덩거리는 기차
소리가 다시 들렸다. 신강성으로 가는 기차 안이었다. 차
창 밖으로 단조로운 풍경이 느릿느릿 지나가고 있었다.